JN096659

地域金融機関のデジタルトランスフォーメーション

北國銀行にみるゼロベースのシステム戦略と組織人事

株式会社デジタルバリュー

はじめに

２０１９年11月、地域のお客様に最新のテクノロジーを活用して付加価値の高いサービス、商品を提供することを目的に、北國銀行のシステム子会社として当社を設立しました。設立検討に至った経緯はＤＸ（デジタルトランスフォーメーション）を加速させることももちろんありますが、主眼はむしろ北國銀行が目指す新たなビジネスモデルを高い品質を保ちながらいかにスピード感を持って実現するかでした。

企業のビジネスモデル構築、推進、変革、発展にはＩＴの活用なくしては成し遂げることはできません。特に、金融機関は取り巻く環境の変化が激しく、経営戦略を実現させるためのシステム戦略がなければ破綻すると言っても過言ではないと思います。

そのような中で、北國銀行のシステム戦略の変遷は約20年前、２０００年にシステム開発と運用を大手システムベンダーにアウトソースした頃に遡ります。一度自分たちの手から離れてみて初めて、自ら考えることの重要性に気がついたのです。
・今後のビジネスモデル展開を実現していくためには？
・顧客ニーズに速やかに応えるためには？
・システム開発のスピードと品質を向上させるには？
・システム経費を抑制するには？
・災害対策を踏まえたシステム構成とは？

ほかにもさまざまなことについて経営と現場で短期的目線、中長期的目線で議論を重ねてシステム戦略を描いてきました。仮説通りに進まなかったことも多々ありますが、その経験と知見を糧に、もう一段上のステージに進むという経営陣の強い決意の下、変革へのチャレンジは今も継続して行っています。当社のミッションは銀行の子会社であるものの、ある意味、銀行の枠にとらわれずに常に新しいことにチャレンジし、その戦略を実現することなのです。

本書は、その北國銀行のこれまでのシステム戦略にフォーカスした内容です。大きく4部構成になっており、北國銀行が行内でこれまでどのような議論を行ってシステム戦略を策定してきたのか、また、その戦略を新しく設立した株式会社デジタルバリューを通じて、これからどのように実践していくのかを示した内容となっています。

第1章では、北國銀行が目指す地域金融機関像の実現に向けてどのようなシステム戦略を描いてきたか、そのストーリーと概略についてまとめています。システム戦略を練り行内外に発信することは簡単ですが、後はシステム部にお任せでは絵に描いた餅で終わってしまいます。

北國銀行ではシステム部門はもちろんのこと、企画部門を中心としたすべての業務部門がマインドセットし、組織として同じベクトルで戦略の実現に取り組んできました。その成功要因について解説しています。

第2章と第3章では、実際の2000年からのシステム戦略のケーススタディと北國銀行におけるシステム部門の変遷、ポジショニングについてまとめています。ITの技術革新によってシステム戦略も都度微調整し、システム部門のミッションも大きく変わってきました。2000年以前は、依頼されたものを正確に作ればいいというマインドでした。それが、システム部門も新しいIT技術を学び業務部門とディスカッションしながら、より良いシステムを作り上げていくというマインドに変革した過程と、その実例を説明します。

また、世の中のトランスフォーメーションが急速に進化している今日において、

ITベンダー様との関係についても従来の発注・受注を軸とした関係から、より良いシステム、サービスを一緒に作り上げていくという、新しい協業体制を軸としたビジネスパートナー関係の構築を記載しています。

また、現在進めている4つのプロジェクトの概要、①インターネットバンキングの開発、②勘定系システムのクラウド化、③行内のIT基盤の刷新、④サブシステムの内製開発についても解説します。

そして第4章は、北國銀行が目指すべきシステム戦略、システム像について解説します。戦略を進めていく中で課題やギャップが生じるのは当然のことですが、北國銀行ではクラウドを活用してどのようにそれを解決し、次世代に向けて進もうとしているのか、そして、その先にある地域のエコシステムのビジョンを説明します。

本書は前述した通り、システム戦略を中心として上梓しました。しかしながら内容は、経営戦略を実現する中でいかにシステム戦略を実現していくか、意思決定プロセスやシステム部門だけではなく、業務部門を含めて人材育成をどのように行っていくかなど多岐にわたった構成になっています。金融機関の皆様はもちろんのこと、システム開発に関わるすべての方に北國銀行と当社のことをご理解いただき、今後の業務の一助になれば幸いです。

株式会社デジタルバリュー
代表取締役　井川　武

目次

第2章　北國銀行のシステム戦略のケーススタディ（2000年〜2021年）

第３章　システム部門から見た過去からの教訓

第1章
次世代の地域商業銀行は「地域総合会社」となる

（1）外から見える北國銀行の風景

多様な改革にまつわる噂の真偽

北國銀行についてネットで検索すると、さまざまな記事や報道を目にします。そして、お客様やさまざまなカウンターパーティーの方から、次のようなご質問を頂戴することが近年多くなりました。

「残業がほとんどなく、有給休暇の平均取得日数が15日って本当ですか」

「行内はペーパーレスでシュレッダーがない。ハンコを使っていないのですか。しかも、10年近くも前から」

「テレワークもずいぶん前から対応してきたのですね」

「営業店に融資係もいないし、貸出の実行や回収のオペレーションをしていない。そもそも、ずいぶん前から営業店に金庫がないのですか」

「営業店窓口、いわゆるテラーの方は入力業務がほとんどない。データをイメージで飛ばして事務センターで入力をしている。２線も３線もいない？」

「そもそも営業店のテラーの端末は、専用端末ではなくてパソコンなのですか」
「とうとうATMは自前のものを開発し展開するって本当ですか」
「有料コンサルティングって本当に自前でやっているのですか。単なる他社へのつなぎではないのですか」
「勘定系やサブシステムをクラウドへ移行って本当ですか。何となくリスクが高そうですけど」

このように、質問内容は多岐にわたっています。皆様の疑問は詳細もさることながら、本当に事実なのか、どこまで実現できているのかという点に尽きると感じます。結論から言うと、すべて事実であり、すでに実現しているか近日実現することばかりです。大手の金融機関の皆様は、独自にシステム戦略を構築し実行するだけの資源が豊富だと推察されます。

一方、システムそのものやシステム人材にリソースを割くことは、制約があって難しいと想定される金融機関の皆様からは、これまでも北國銀行のシステム部や企画部門宛てに、多岐にわたる多くのご質問をいただきました。北國銀行の人的リソース不足やさまざまな制約からお答えできなかったケースも多々ありました。

本書の概要は経営戦略もさることながら、システム戦略が中心です。経営の中でどのようにシステムを位置付け、どう議論し、意思決定していくのか。人材育成はどうあるべきかについても言及しています。

その意味では、本書の内容が北國銀行の改革に興味を持たれた皆様や、これからさまざまなシステム改革をリードする、あるいはリードしているスタッフの皆様の一助になれば望外の喜びです。

(2) 北國銀行の戦略ストーリー概論

スタートは正確な現状認識と把握から

北國銀行の変革のスタートは、今から約20年前に遡ります。背景にあったのは、「真の顧客本位の経営を行わなければ、永続的な会社として生き残ることはできない」という危機感でした。それは当時、外部に委託して実施した大規模な顧客アンケートからも明白でした。すでに、お客様も伝統的な銀行業務に大きな期待感を抱いておらず、「過去からのお付き合いの流れで」という傾向がはっきりとうかがわ

北國銀行の戦略ストーリー概論

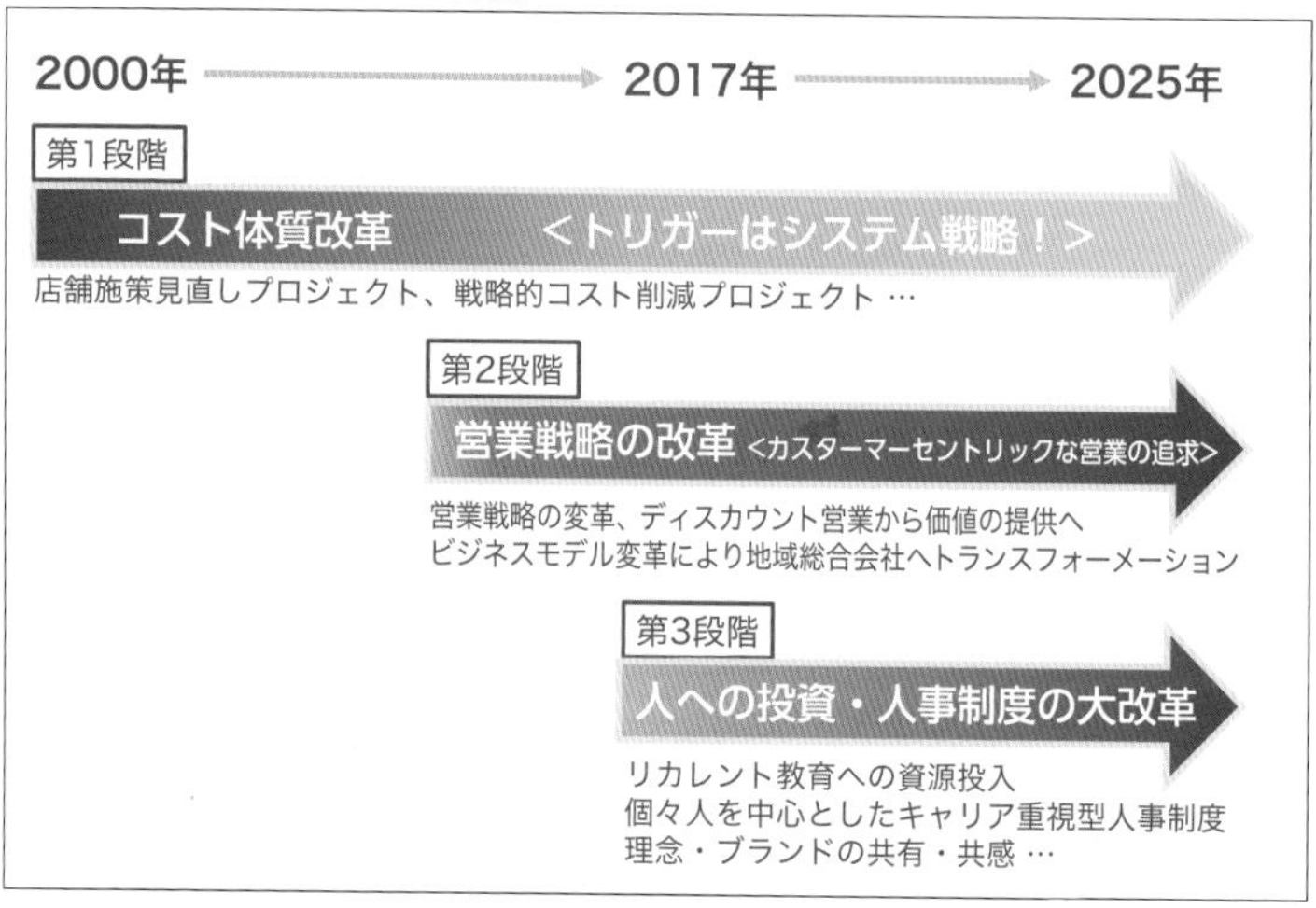
2000年
2017年
2025年
第1段階
コスト体質改革
＜トリガーはシステム戦略！＞
店舗施策見直しプロジェクト、戦略的コスト削減プロジェクト …
第2段階
営業戦略の改革
<カスターマーセントリックな営業の追求>
営業戦略の変革、ディスカウント営業から価値の提供へ
ビジネスモデル変革により地域総合会社へトランスフォーメーション
第3段階
人への投資・人事制度の大改革
リカレント教育への資源投入
個々人を中心としたキャリア重視型人事制度
理念・ブランドの共有・共感 …

れました。

古今東西、お客様本位の経営と営業に正面から異議を唱える人はいないと思います。しかし、特にお客様に近ければ近いほど、顧客本位の営業ほど難易度の高いものはないということが肌感覚で分かります。それが金融業界では際立っているかもしれません。なぜなら、業界が数々の規制に守られたり縛られたりしてきた長い歴史の中で、供給者側である銀行の論理や地位が利用者側よりも優位にあり、それが独特の企業文化を形成してきたからだと思います。

その結果、顧客本位の営業をしなくても、「義理人情」「気合い」「根性」「押し込み営業」により、お客様にさまざまな

商品サービスを受け入れてもらうことができました。お客様もそれを飲み込んだのは、「無理を聞いておけば、いざというときにこちらの無理も聞いてくれる」という、そんな持ちつ持たれつの関係が暗黙裏にでき上がっていたからかもしれません。いずれにせよ、銀行側に甘えがあったことは完全否定できないのではないでしょうか。

さて、北國銀行は設立当初より「顧客本位の経営、営業を展開し、地域社会と企業、人々の生活をより良いものにするために存在する」を掲げ、それが経営理念でありブランドにもしてきました。ただ、理念と現場で行われることの乖離が大きかったことも、前述のアンケート結果から明らかになりました。

ですから、まず理念とブランドを浸透させ、実践していくためにはどうすればよいか。お客様の課題を解決するプロフェッショナル部隊をどうすれば作れるか。さらに、部隊の中核となるコンサルタントを行員自身が担うことができれば、強力なコアコンピタンスを手にすることができるのではないか。いわば、量から質への転換を図ることで、付加価値の高いサービスを提供できる会社に生まれ変われるという仮説を立てました。

その実現に向けて、「一日も早く営業戦略を大転換すべく舵を切りたい」という思いが、当時、プロジェクトを推進したチームメンバー共有の思いでした。しかし、ただちに実行すれば現場で大混乱が生じることや、営業成績が急落することは容易に想像できました。やはり、戦略遂行にあたっては周到な準備とステップが不可欠なのです。

コスト体質改革が第1段階の要点

そこで第1段階として着手したのは、強靭なコスト体質を作り上げることでした。さもなければ、大胆な投資はできません。この場合の投資はＩＴ投資であり、建物設備といったお客様と直接接点のある設備投資であり、人材育成といった人への投資を指します。また、営業戦略を大きく変えたときに生じる収益低下を吸収できるだけのバッファーの構築も必要でした。

その理由から始まったのが、「店舗施策の見直しプロジェクト」と「戦略的コスト削減プロジェクト」でした。店舗施策は、店舗の統廃合と全店舗フルバンキング体制からの脱却という、今では当たり前の戦略です。北國銀行では１５４あった店舗を96店舗（２０２1年2月末時点）まで削減し、現在、フルバンキングの支店はそのうちの約半分となっています。

北國銀行の経費の推移

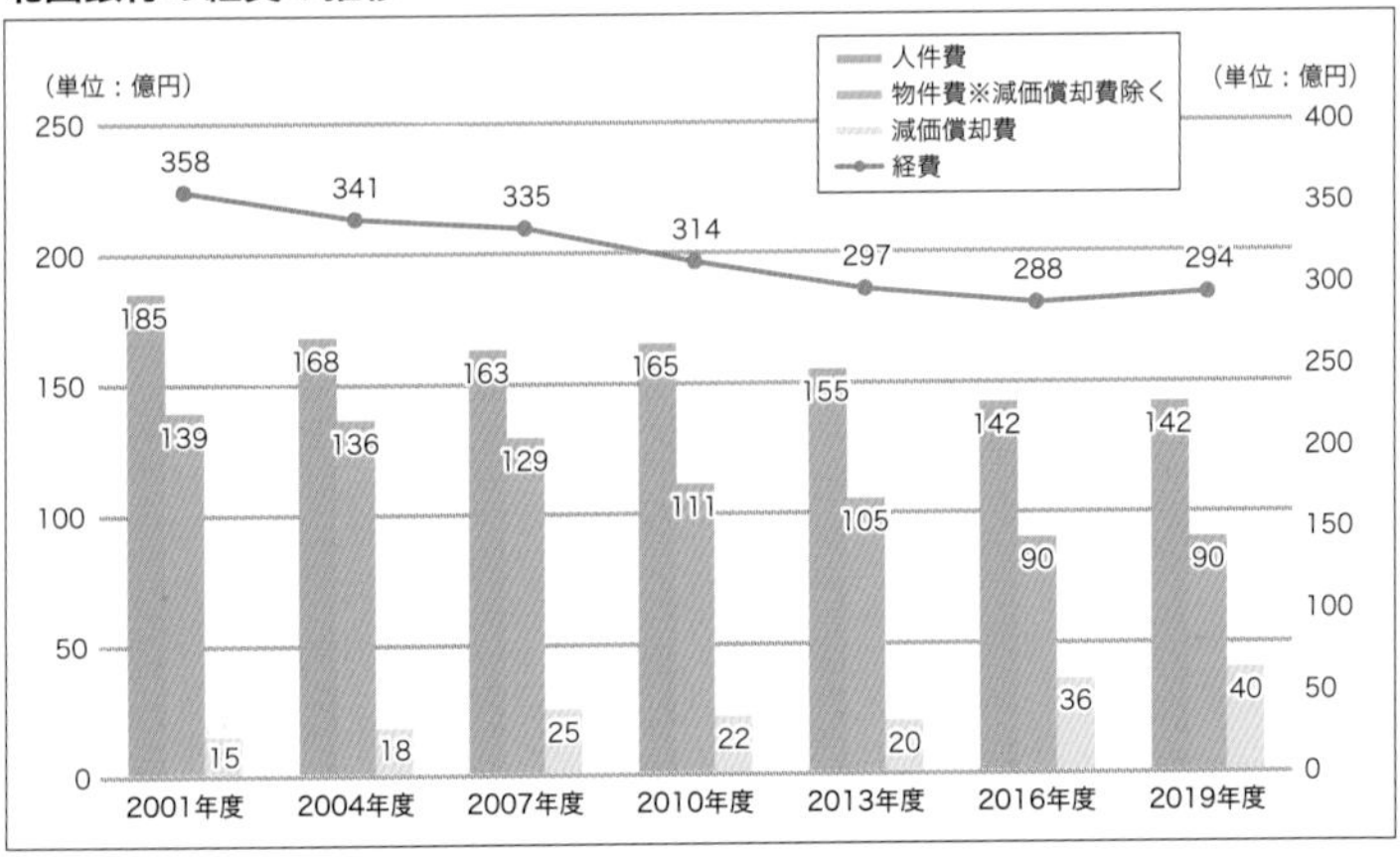

戦略的コスト削減は、プロジェクトを一緒に推進していただいたA・T・カーニー様がその詳細な取り組みを著作としてまとめられており、そちらをご覧いただければご理解いただけると思います。図2に示したように、北國銀行の経費はプロジェクト実施により、年間約360億円から約290億円まで削減することができました。

この第1段階での成功が、その後の投資や改革の原動力になったことは言うまでもありません。ただ、結果を出すまでに約10年の歳月を要しました。今なら前提条件次第で3年前後、長くても5年で実行できると考えています。

なぜなら、このふたつのプロジェクトを推進する土台がシステム戦略だからです。

振り返ると、北國銀行がプロジェクトをスタートさせたとき、システムは勘定系が中心であり、サブシステムが未整備なのはもとより、パソコンも1人に1台の体制でさえありませんでした。このため、データ収集や分析も手作業でした。加えて、その前提となるホストコンピューターからのデータの切り出しも、一からプログラムを作らなければできない状況で、その改善に相当の時間がかかりました。プロジェクトの開始時点でこれらが整備済みであったならば、多少の混乱があっても3年で形になったと思われます。

それほどにシステム戦略の比重は重く、システムが関わる領域が経営や営業に及び、それが与えるインパクトは計り知れないのです。どうすればあるべきシステム戦略を遂行できるかについては、次章以降で具体的にご説明したいと思います。

第2段階はカスタマーセントリックな営業

前述のように、北國銀行は過去約20年間、さまざまな改革プログラムを遂行してきました。そのプロジェクト数は大きく括っても50を超えます。そして、現在も約50のプロジェクトが進行中です。

誤解を恐れず北國銀行の戦略を簡略化してしまうと、第1段階は「店舗施策の見

北國銀行の業務改革の歩み

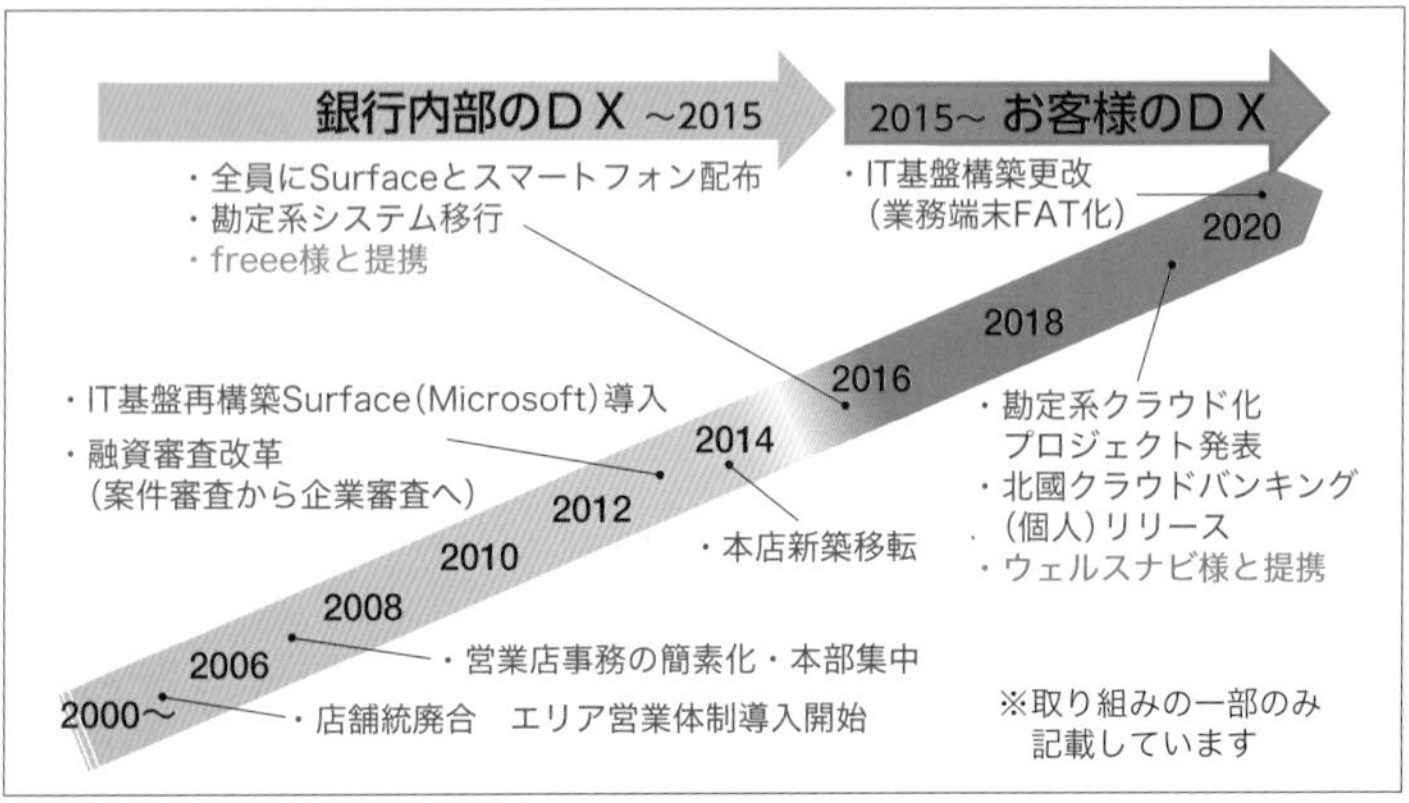

直しと経費削減によるコスト体質の強化」、第2段階は「真の顧客本位の経営に向けた営業戦略の大転換と、地域総合会社へのトランスフォーメーション」という表現が適切かと思います。北國銀行の場合、現在、第1段階は8合目を越え、第2段階は5合目ぐらいのイメージです。

第2段階のスタートは今から7年ほど前になります。それは、これまでの営業戦略を抜本的に見直すプロジェクトでした。

理念で「地域と共に豊かな未来を築きます」と謳いながら、結果的には「目先の利益を優先させ、プロダクトアウトの戦略を遂行していなかったのではないか」「理念は理念、現実は現実、現場は現場と割り切ってこなかったか」「企業が社会の役に立つことをするのは社会で活動するための代償や対価であり、自社の利益と矛盾してまでの両立は無理と思ってこなかったか」「特に、営業で必要なのは表と裏、清濁併せのむ度量であり、あれこれ言っても最後はプッシュとお願いだろうとの潜在意識を持っていないか」。こういった問題提起や仮説から議論をスタートさせました。

「企業や個人、社会の課題を解決することや、人々のより良い暮らしをサポートすることを優先させた結果として、最後は自社の利益になる」。その実現に向けてコスト削減を含めたビジネスモデルを再構築し、さらに加速させるために、デジタルを含めた新しいマネジメント手法やリカレント教育を柱とした人事制度改革にも手をつける必要があるのではないか。

また、「モチベーションややりがいの再定義も必要不可欠ではないか」「カスタマーセントリックを徹底しないと生き残れない。なぜなら、環境の変化は顧客を見ていないと分からず、変化にも対応できないから」「お客様を理解し、ニーズを満たし価値を与える。その繰り返しが信頼関係を深め、ブランドイメージを高める。ディスカウントに代わる価値観を提供する」など、チーム内での認識と論理の共有にも力を注ぎました。

現場の真の分権化が成否のカギに

これらを経て、業績評価も人事考課も人事制度も、「カスタマーセントリック、カスタマージャーニーありきで一から作り直そう」という結論に達しました。

北國銀行が「営業結果や数値目標の撤廃、ノルマなし」と、マスコミで報道され話題になったことがありました。ノルマなしの背景には、このような議論があったのです。営業が変わればすべてが変わる。そして、営業を変えるためにはすべてを変えなければいけないのです。「ノルマなし」は、大きなパラダイムシフトのあくまで第一歩に過ぎませんでした。

目指すところは、支店や本部の営業部隊も含めた現場の真の分権化です。営業戦略を現場レベルに落とし、社員が自分たちの営業エリアのお客様を分析、その特性に合った戦略を策定し、アクションプログラムを作り、業績評価のＫＰＩも自分たちで議論し決めていくのです。いわば、オーナーシップを持ったエリア運営の確立です。一方、本部はサーバント型、いわゆるそれを支援していく立ち位置に徹します。その先にあるのは本部機能と現場、支店の融合です。

何よりも、顧客志向、カスタマージャーニーの観点から現場のことは現場で決めて遂行していくことが一番スピードが速く、現場にもマッチしています。このことが顧客ニーズに合致し、満足度を高めていくことにつながるからです。

北國銀行では、2000年の改革着手から10年を経て、システム、事務、経営管理は〝中央集権〟、顧客サービスは〝分権〟が定着しました。こうして、次のフェーズでは「融資審査のあり方」「事業性理解の概念（金融庁の定義する事業性評価とは少し定義は異なる）」「投資信託、保険などの営業体制」「法人コンサルティング、個人コンサルティング」「支店窓口の位置付け」「土日営業の位置付け」「業績評価と人事考課」などのすべてを再構築する必要がありました。

第2段階も開始からすでに7年近く経過していますが、第1と同様、やはりシステム戦略がスピードを左右することを実感しています。システムが整っていれば、第2段階も2～3年くらいで進めることができると思います。

2つのエンジンで地域総合会社を目指す

地域金融機関として、これからも預金・貸出と決済業務は、コアビジネスであると考えています。これはビジネスの第1エンジンです。ただ、この分野でもテクノロジーの進化と新規参入の影響は、今後ますます強くなると予想します。ですから、「継続的なイノベーション」を怠らないだけでなく、「破壊的なイノベーショ

～北國銀行の目指す姿～

次世代版　地域商業銀行から
「次世代版 地域総合会社」へ

①カスタマーセントリック思考で、
②中長期的に高付加価値を提供し、
③地域社会をクオリティリージョンへ。

中期経営計画
(2018.4～2024.3)

コミュニケーション
×
コラボレーション
×
イノベーション
2024

プロジェクト形式・PMO × アジャイルな働き方

企業理念の実現

豊かな明日へ、
信頼の架け橋を
～ふれあいの輪を
拡げ、地域と共に
豊かな未来を
築きます～

↓

北國銀行のブランド

北國銀行は、世のため人のために存在し活動する、人々の生活をより良いものにする、より良い社会にするため活動する

地域の価値創造

地域社会
地域全体のクオリティ向上に貢献

お客様
さまざまな付加価値を提供

株主・投資家の皆様
株主価値の向上

従業員
多様でやりがいのある働き方

ンス及びリスク管理・コンプライアンス体制の強化

北國銀行の価値創造プロセス

地域経済を取り巻く環境

- 人口減少による市場縮小
- 首都圏への人口流出、高齢化、労働力不足
- 中小企業の後継者問題
- グローバル化への対応の必要性
- 価値観の多様化

北國銀行独自の強み

信頼され愛される銀行

創立以来、お客様の信頼を軸に、安定した顧客基盤の構築により、地域での圧倒的なシェアを維持

スリムな経営体質

20年にわたる店舗統廃合・ペーパーレス化等の戦略的な効率化や生産性向上への継続的な取り組み

実効性高い コンサルティング

当行自身で取り組み、蓄積してきたノウハウに基づく、お客様のニーズに応じた幅広いコンサルティング

人　材

地域の発展のために、自分自身の成長のために、努力を継続できるプロフェッショナルな人材

北國銀行｜ビジネスモデル

成長の第1エンジン

持続的なイノベーション -Sustaining Innovation-

- 決済業務
- 融資業務
- 預金業務

成長の第2エンジン

破壊的なイノベーション -Disruptive Innovation-

- 法人コンサルティング会社機能
- 個人コンサルティング会社機能
- リース会社機能
- カード会社機能
- システム会社機能
- ECサイト会社機能
- 人材紹介会社機能
- 投資運用PE会社機能
- 債権回収会社機能
- BPO会社機能

カスタマージャーニー視点での事業推進

推進を加速するための取り組み デジタルトランスフォーメーション ×

ESG取り組み方針に則った取り組みの実践

価値創造を支える土台 コーポレート・ガバナ

ン」が重要になってくるでしょう。

よく「北國銀行はフィンテック企業とどう戦うのか」との質問をいただきますが、答えは明確です。北國銀行自身がフィンテック企業になるべきだと思いますし、今後、さまざまなフィンテック企業とコラボレーションすべきでもあると考えています。

これまでの地域金融機関には、第1エンジンしかありませんでした。これからますます大切になるのが第2エンジンです。法人コンサルティング会社機能、個人コンサルティングIFA（独立ファイナンシャルアドバイザー）会社機能、カード会社機能、リース会社機能、システム会社機能、商社機能、ECサイト&クラウドファンディング運営会社機能、人材紹介会社機能、投資運用PE会社機能、BPO（ビジネス・プロセス・アウトソーシング）会社機能、サービサー会社機能、エクイティファンド会社機能などを総称して第2エンジンと呼んでいます。

これらの分野は破壊的なイノベーションが中心です。このふたつのエンジンの性能を上げながら、地域経済のさらなる活性化の一翼を担うのが、北國銀行が考える新しいビジネスモデルです。これは、もはや「地域商業銀行」というより、次世代の「地域総合会社」のイメージがふさわしいかもしれません。

ビジネス・ブレークスルー大学院との連携で開いた北國銀行行内研修

現在、第3段階「人、人、人」が進行中

北國銀行では、現在、第3段階の改革を同時に進めています。「人への投資と人事制度の大改革」です。6年ほど前からスタートしています。

業務範囲の拡大により、必要とするスキルセットは大幅に変わりました。行内研修を充実させることはもちろんですが、リカレント教育に相当な資源を投入する必要があります。また、残念ながら法制度はまだ追いついていませんが、人事制度にいわゆるＪＯＢ型的な要素を追加していくことは必然の流れでしょう。ただ、ＪＯＢ型といっても、欧米のものとは似て非なるものです。あえて表現すれば「個々人を中心としたキャリア重視型プロフェッショナル制度」です。百人百様の社員が会社の理念やブランドに共感し、遺憾なくプロとしての能力を発揮してもらうための制度にすべきです。

確かに、過去の人事制度は戦後日本の高度成長に合致した制度だったことは歴史が証明しています。しかし、令和の時代に入っても、それを金科玉条としてそのまま運用することは、従業員にとっては違和感以外の何物でもありません。新しい人事制度を運用するためには、人事部門の戦略と戦術の大幅な変更が不可欠であり、このプロジェクトを推進するにあたっても、やはりＨＲＭ（ヒューマン・リソース・マネジメント）を中心としたシステム領域の施策を並行しながら推進しないと、かえって生産性が落ちて、戦略自体の実効性が上がらない懸念が生じます。

（3）企業改革成功の秘訣

過去約20年にわたる企業改革の概要を説明しましたが、これまでの反省と自戒も含めて、成功の秘訣のポイントをまとめたいと思います。

①風通しのよい仕組みで縦割り打破

改革や新しい業務と聞くと、すぐに「プロジェクトチームを作ってそこを中心に進めよう」「代表取締役直下、あるいはトップ直下に」という発想をしたくなります。しかし、プロジェクトチームへの過度の期待は危険であり、仮に精鋭部隊を置いて短期的に成果が上がったとしても、中長期的に根付くかどうかは甚だ疑問です。

なぜなら組織は縦割りであり、プロジェクトチームとの間に必ずコンフリクトが起きるからです。すでにある権限との調整にも、多大な労力を伴います。プロジェクトチームを立ち上げること自体は悪くありません。ただ、会社全体がプロジェクト思考で、コミュニケーションとコラボレーションを行うことのできる風通しのよい仕組みを作れるかどうかにかかっているでしょう。

これらの課題に対して、昨今はSlackやMicrosoft Teamsといったコラボレーションツールがありますから、ひと昔前に比べて非常に進めやすくなっていると思います。

北國銀行の場合、「ＰＯＷＥＲ　ＥＧＧ」と呼ぶグループウエアとMicrosoft Teamsの双方を使い分け（タグ付けされているので一体化させての使用が可能）、バーチャルなプロジェクト単位での仕事の進め方を推奨しています。これにより、担当者からトップマネジメントまで、一気通貫で情報共有や議論を行うことができます。

とはいえ、大切なのは仕組みよりも企業文化や人事制度です。最近よく使われる「心理的な安全」(例えば、縦の論理や上下を意識せず意見を言う風土)がないと、せっかくのTeamsのチームやチャネルも資料が貼り付いているだけの閑古鳥状態に陥ると思います。

②改革スピードを上げるエスカレーション

個々の部や課が一生懸命、自分たちの業務範囲の中で成果を出そうとすることは当たり前であり、そういう組織でなければ発展はあり得ません。一方で、「合成の誤謬」という経済用語が示す通り、各自が頑張ってそれぞれ成果を出しても、必ずしも全体としての成果につながらないことは経営者であれば気がついています。

当然、縦割りの組織であればあるほど、組織間のコンフリクトや協議事項が多々あります。それをそれぞれで抱え込まず、先送りせず、どんどん上位層に上げて決断を仰ぐ〝エスカレーション〟を北國銀行では徹底してきました。何よりも、経営陣の意識がスピードを上げ改革を進めることができた原動力のひとつだと感じます。合言葉は、全体最適とエスカレーションです。

ただ、それも過去の話で、最近はグループウエアやコラボレーションツールの進化によって〝見える化〟が進み、常にエスカレーションしている状態で仕事が進められるようになっています。特に、最近はTeamsなどのツールを使用してテレワークをするだけではなく、クラウドで他社とも情報共有を行い協働しながらデジタルや新しい仕事を進める手法が、お客様との間で始まっています。これが定着していくと、お客様をも巻き込んだ生産性革命が起きると期待しています。

③5項目がコンサルティング部誕生の原点

経営学上の組織能力の定義とは少し異なることを承知の上で、北國銀行では組織能力という言葉を再定義し、改革を進めてきました。北國銀行でいう組織能力とは「コスト」「マネジメント」「IT」「マーケティング（営業）」「人事組織」の5つの総称です。

具体的に紹介すると、①コスト意識が組織に浸透し、より強靭なコスト体質を作ろうと一人ひとりが努力をしているか、②働き方のルールが意識されて一定の型と

北國銀行のコンサルティングの仕組み

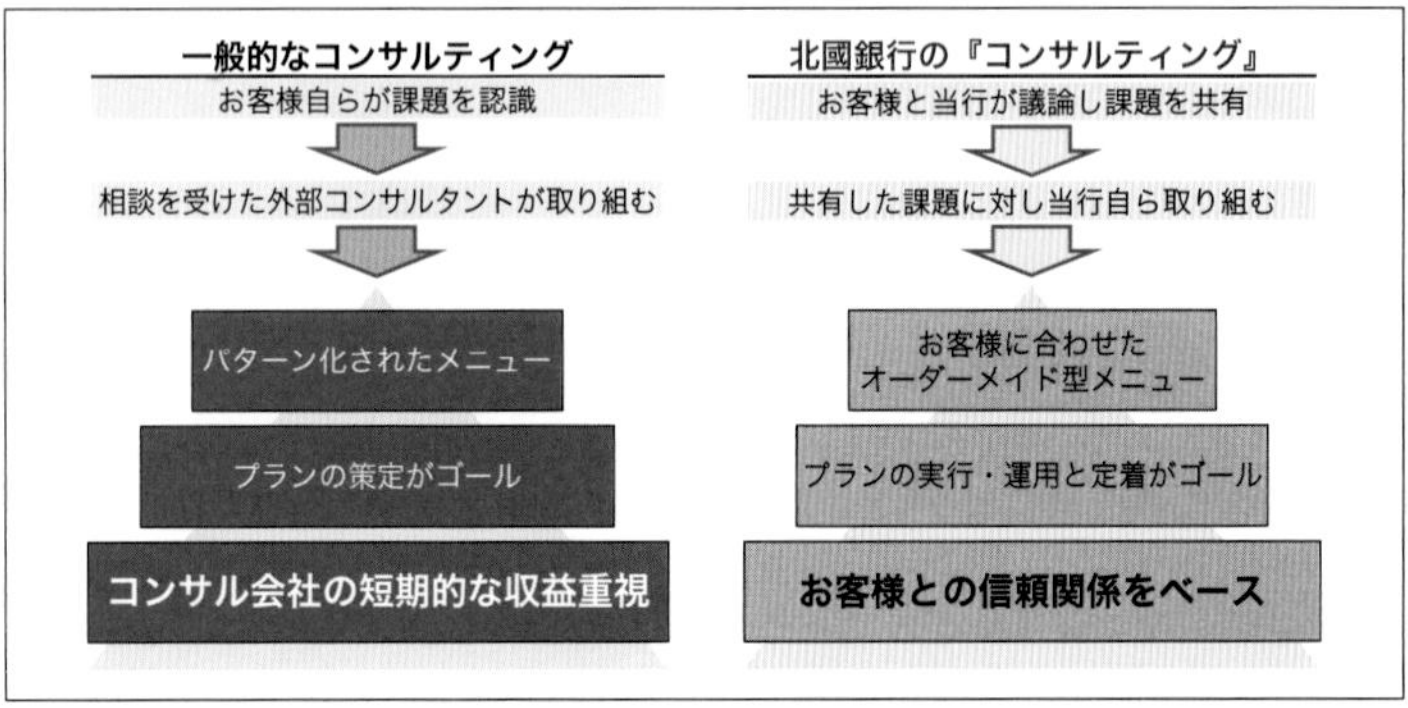

して定着し、コミュニケーションや意思決定が円滑な組織であり、さらにその状態を進化させようとしているか、③オペレーションとＩＴを経営陣が意識し、生産性向上や戦略の遂行に生かしているか、④単なるプッシュセールスでなく、顧客志向に基づいた未来志向の営業文化とスタイルが根付き、常に顧客の変化をキャッチしてトップマネジメントに情報が届く状態か、⑤人事と組織形態が戦略戦術にマッチし、実行できるよう柔軟に変更できる状態か――です。この5項目を、北國銀行では〝5ステップフレームワーク〟と呼び、その順番も意識しながら進めてきました。

　どのステップも重要ですが、ここではマネジメントについて少し説明を加えます。Ａ「意思決定の方法」、Ｂ「内外コミュニケーションのルール」、Ｃ「自由と規律のルール（権限規定を含む）」、Ｄ「企業文化、行動規範」、Ｅ「仕事の割り振り、進め方のルール」、Ｆ「Ａ～Ｅまでを含めたすべての業務を回す仕組み」――と行内では定義しています。「意思決定はどうあるべきか」「コミュニケーションの取り方はどうするのか」「権限をどこまで業務部門に委譲するのか」「仕事の進め方をどのようにフロー図に落として周知徹底していくのか」。そういった一連の作業を経営企画として定め、社員に周知徹底していく必要があるのです。そして、社員への周知徹底の度合いまで絶えずモニタリングします。

もちろん、すべてがいつも同時並行で進むのが理想でしょうが、前述したようにコスト体質が変わらないとＩＴ投資はできませんし、組織の各層におけるマネジメント能力が上がらないと、人事制度を整え営業体制を抜本的に変えても十分に機能しません。あえて進める順番を問われれば、①のコスト削減からの番号順が進めやすいと考えています。

北國銀行のコンサルティング部門は現在１００名以上が在籍し、有料のコンサルティング業務を実施しています。コンサルティング部の構想は約20年前ですが、当時は、Ｍ＆Ａ、事業承継、個人向けの資産形成アドバイスを行うことがメインテーマでした。現在では、ペーパーレスやＩＴコンサルティングがその業務のすべてだと想像されている方も多いかもしれません。

実は、現在のコンサルティング部のコア業務は、この5ステップのフレームワークをベースにしているのです。それとは別に、10年以上前からスタートし、現在は3号ファンドで総額70億円に達した再生ファンドに基づくお客様向けの企業再生の取り組みもベースにあります。

つまり北國銀行自身が行内で、あるいはお客様向けに10年以上にわたり実行してきたノウハウが源泉となっているのです。そして、長年にわたり取り組んできた改革のノウハウを少しでもお客様とシェアし、より良い社会にしていこうという発想が、お客様にコンサルティングサービスを提供するというコンサルティング部の創設につながっています。

④旧来型の人事と業績評価を改めよう

過去の北國銀行の組織の構造改革や営業改革の結果を振り返ると、旧来型の人事考課と業績評価がその推進を妨げる主要因であったと言い切れます。

上場企業であればなおのこと、経営者は中長期のみならず短期の業績に対する思いや目標達成意識が高くなるのは当然です。そうでなければ、機関投資家からも株

北國銀行の業績評価の推移

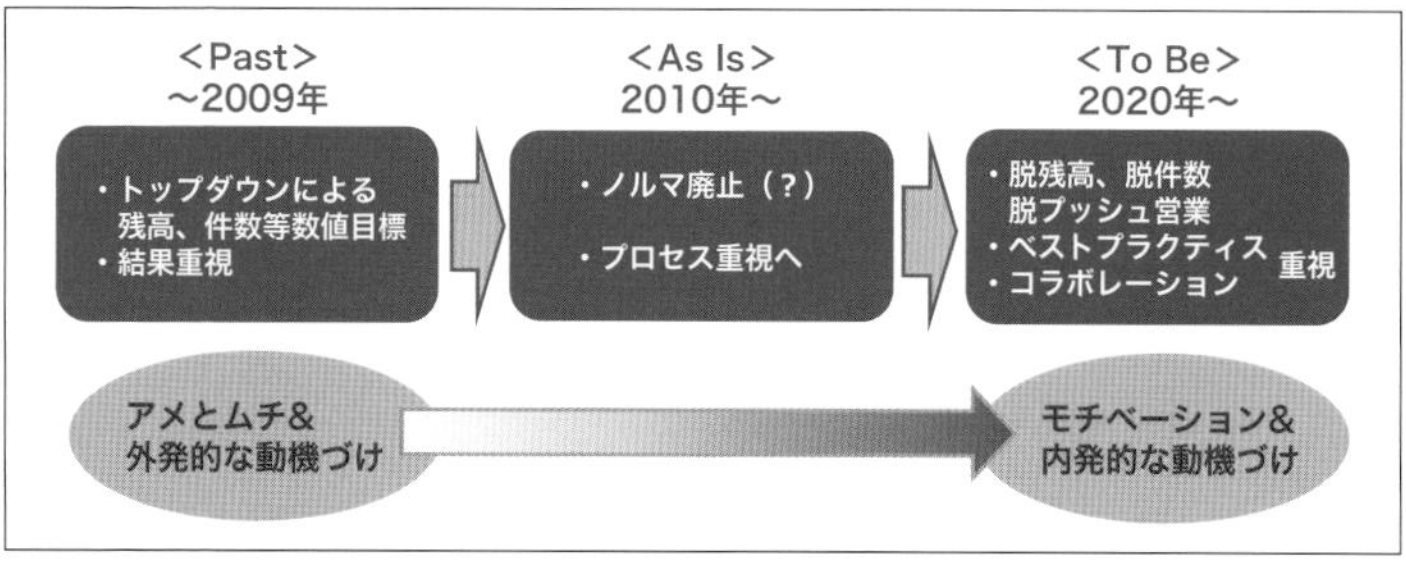

主の皆様からも否定されるかもしれません。それゆえに、また過去の自身の経験からも社員のモチベーションを上げるためには、〝アメとムチ〟型の業績評価や旧来型の成果主義が分かりやすいと判断してしまいます。実際、運用も容易で分かりやすいのも確かです。

一方、戦略の実行部隊からすれば、人事考課や業績評価を最初から抜本的に変えれば戦略の自由度が増し、実行のスピードも格段に速くなることが想像できます。戦略の組み立てや実行の順序は、個々の企業で文化や社員のスキル、組織能力が異なるため正解がひとつではありません。

とはいえ、改革当初から人事と業績の仕組みを変え、うまく機能させることができれば、改革スピードが何倍にもアップすることは間違いありません。北國銀行の例を振り返ると、エリア制や店舗統廃合、営業部門や審査融資部門の大改革を行うにあたり、人事考課や業績評価もセットで遂行していれば、もっとスピードや社員の納得性を上げることができたと反省しています。

⑤オペレーションとシステムが改革の屋台骨

繰り返しになりますが、改革を支える屋台骨は後にも先にもオペレーションとシステムです。北國銀行の場合は、あるべきシステムが当時、全く存在していませんでした。例えば、全店舗でフルバンキングを行う体制から、フルバンキングと個人に特化した店舗に分けるエリア営業体制へと転換する場合、事務の流れや業務の流れが大きく異なります。

にもかかわらず、従来のシステムに手を入れず、すべてを手作業で処理するようでは、お客様の利便性はもとより行員の生産性も大幅に低下してしまいます。しかし、オペレーション全体の変更には大規模なシステム投資が必要であり、決算にも大きく影響します。

北國銀行の場合も、オペレーションとシステム投資を一気呵成に行うことはできませんでした。やはり、コスト削減を優先させ、ＩＴ投資の原資を捻出するところから始めざるを得ませんでした。なぜなら、当時はすべて支店単位のオペレーションとシステムの構成になっており、一から再構築することが不可欠だったからです。このため、長い年月を要してしまいました。

お気づきの方も多いと思いますが、今ではそのシステムコストやアーキテクチャーは様変わりしています。全く違う発想と順序で、コーポレートトランスフォーメーションを短期間で進めることができるようになったと感じます。北國銀行が15年かけて行ったことが、今では3年から長くて5年で可能だと思います。

⑥カスタマージャーニーの視点を第一に

「99・999％」「99・9999％」と聞いて、すぐに何の話題か察しのつく方が金融機関の役職員でどれぐらいいらっしゃるでしょうか。この数字はシステム稼働率のことです。システムが前者は「月間で26秒停止する」、後者は「月間で3秒弱停止する」に相当します。

金融業界のシステムにおいて、決済関連は後者であり、通常でも前者のファイブナインが常識といわれています。しかし、「なぜその数値を守らなければならないのか」「なぜ一部のシステムで99・95％では許されないのか」「すべてのシステムについて順守すべきなのか」「どんなルールや規定に基づいているのか」を、どれぐらい真剣に議論しているでしょうか。

これはシステムに限った話ではありません。改革には社内外の痛みを伴うと同時に、さまざまなリスクも当然生じます。そのリスクの範囲と許容限度を議論しなければ、改革は一歩も前に進みません。コスト削減も、常にリスク許容度と表裏一体の関係にあります。その難題を解くカギは、カスタマージャーニーだと考えます。「お客様から見てどうなのか」「納得性があるのか」「許容範囲なのか」「ご理解いただけるのか」「その説明体制で十分か」という点です。

また、コスト削減を行う際に、「調達コストならコンペをすればいいじゃないか」という単純な議論になりがちです。さらに、「事務手数がかかっているからお客様に課金していこう。それで誘導しよう」「別に銀行が儲けるためではなく、正当な対価をいただこう」「これまで無料でできたのは儲かっていたから。これからはそれでは経営が成り立たない」という発想になるのも無理からぬことかもしれません。

もちろん、これは間違った手法ではありません。ただ、その前に「カスタマージャーニーの視点からやるべきことをやったのか」を確認することがとても重要です。コンペを回避して、取引先を大切にしながら調達コストを下げる方法はあります。また、お客様の事務自体を削減する観点からのさまざまな提案や手法もあります。こういったカスタマージャーニーの視点を、全社を挙げて持つことを何よりも大切にしなければなりません。

⑦すべては「対話」から始まる

「改革を成功させる秘訣をひとつだけ挙げてください」という質問を受けた場合、北國銀行は「すべては対話から」と答えています。

社会人になるまでは、家族や先生、気の合う仲間との付き合いや会話が中心と言えるでしょう。会話をするストレスが少ない半面、同質性や同調意識が強く、何となく自分の考えを相手も理解してくれているとの錯覚に陥りがちです。

一方、ビジネスの世界は、さまざまな会社や個人とのつながりがあり、会話の際に相手の価値観や考え方、あるいは使用する言葉の定義を確かめ、場合によっては性格や考え方まで念頭に入れておく必要が出てきます。にもかかわらず、学生時代の会話の意識から抜け出せないままでいたら、誤解や反感を招くことが避けられません。まず、相手の話にじっくりと耳を傾け、自分のどこが間違っているのか、思い違いや説明不足、相互理解の不足、あるいはどこにチャンスがあるのかを探らな

オープンフロアで行われるコンサルティング部のミーティング風景

ければなりません。

相手からの賞賛の声、共感の声、批判の声などにとらわれすぎないこと。新しい情報と対峙したとき、自身の中で自問自答する必要があります。その上で合意できないことや理解し得ないことの議論を尽くす。その意識と態度がなくては対話が成立しませんし、ましてや改革の成功もありません。

トップマネジメントはもちろん改革を進めるリーダーは、戦略的な思考やコミュニケーションを取るときの物腰や物言いの柔らかさが必要です。サーバント型リーダーの素養があるのか、自制心や忍耐力はあるのかが問われると考えています。

第2章
北國銀行のシステム戦略のケーススタディ（2000年～2021年）

（1）2000年当時の考え方 〈システムアウトソーシングの功罪〉

コスト削減へアウトソーシングが主流

アウトソーシングとは、「out：外の」と「sourcing：調達」を組み合わせた言葉で、簡単に言うとシステムベンダーに運用や開発を任せることを指します。振り返ると、銀行業界では2000年頃、アウトソーシングがはやりました。当時は「共同化」まで検討する銀行は少なかったと思いますが、自社での開発、運用にこだわる地方銀行はほとんどなかったと記憶しています。

それは、システムベンダーの資源や人材を利用することでシステムコストが抑えられ、システムの品質も高まるとの考え方が主流だったことによるものでしょう。北國銀行も当時の勘定系ベンダーの提案を受け、運用と開発を共にアウトソーシングすることにしました。共同出資会社を設立して両社から要員を出向させ、運用と開発を実施する形を取りました。

それでは、開発と運用をどのようにアウトソーシングしたかを簡単に説明しま

2000年当時の北國銀行のシステム開発現場

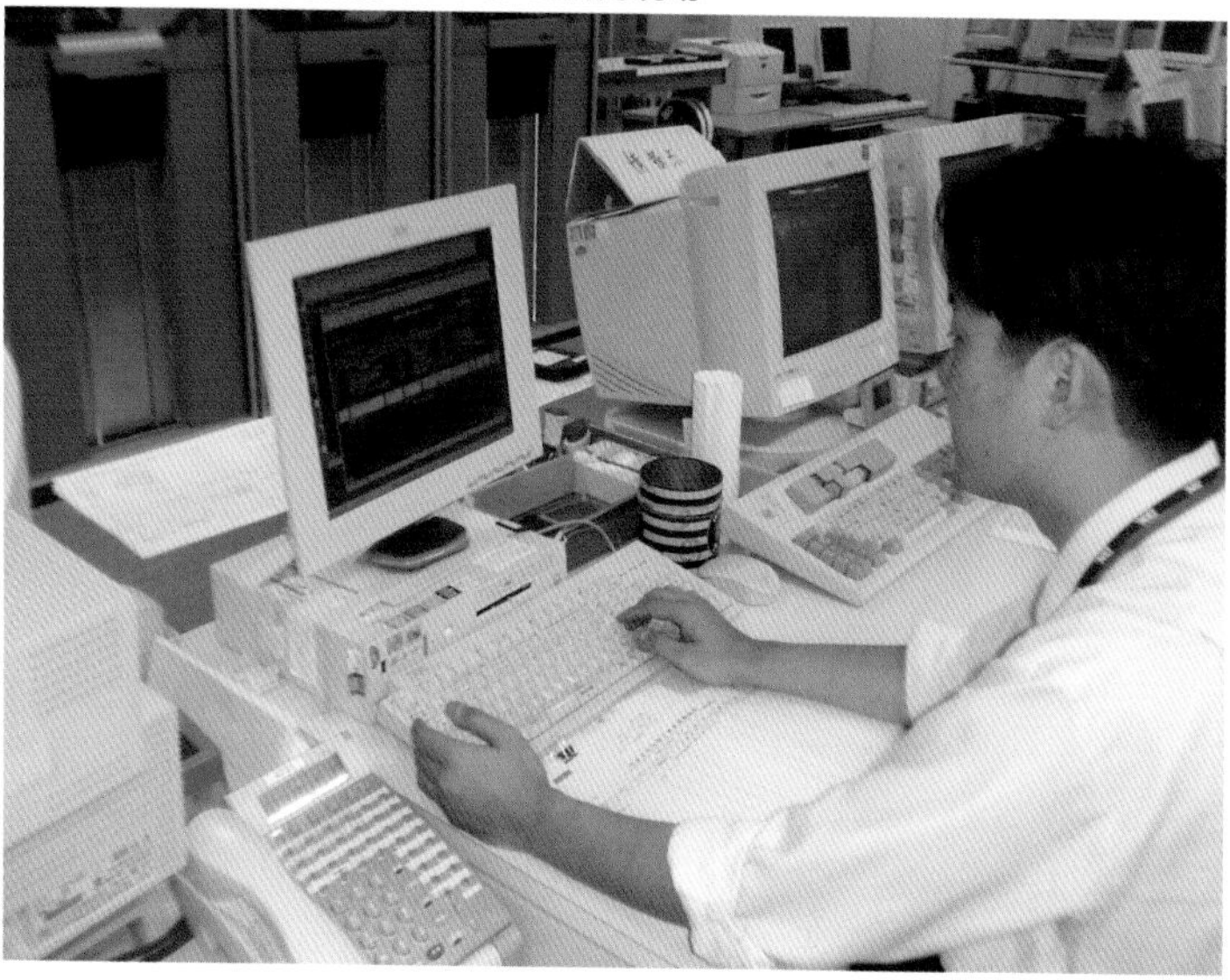

す。以前の開発は、行員と地場のシステム会社メンバーで行っていました。標準化のルールはある程度ありましたが、品質管理や開発計画などに関してしっかりとしたルールはありませんでした。また、年間の開発計画はあっても、権限の大きい部署から横やりが入り、計画が変更になることもしばしばでした。

それが、アウトソーシングにより「工数管理」の徹底が図られました。年間の開発工数が決められ、その工数に基づいて契約金額を決めました。契約で縛られているので、以前のように誰かが急

システム開発をベンダーに委託していた当時のイメージ

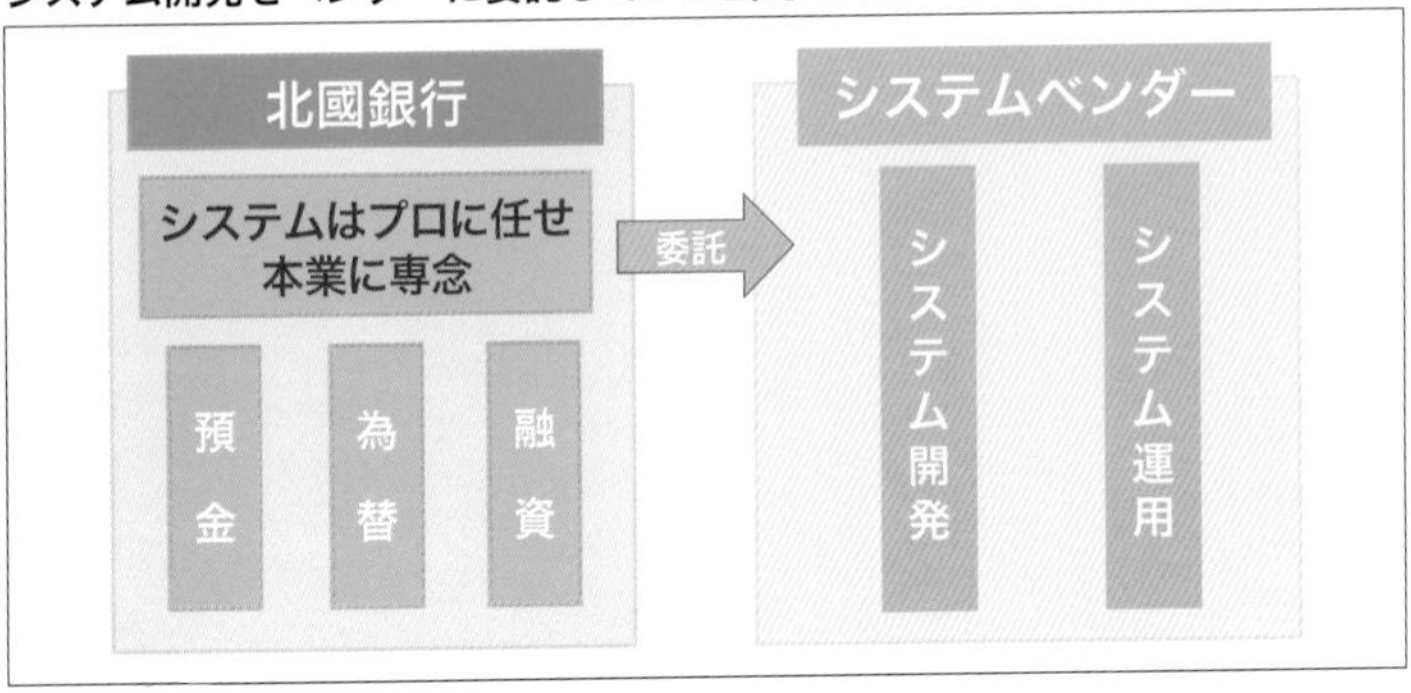

きょ開発案件を押し込んでくるような無理強いをされることもなくなりました。それまで行員が務めていた各チームのリーダーも、ベンダーからの出向社員に変わり、ベンダー管理の下で開発作業が進みました。

この結果、管理プロセスは格段に強化され、仕様書を作成しないままプログラムを作成するということもなくなりました。共同出資会社内では人材育成のスキルマップも作成され、それに基づく研修が実施されるなど参考になる点も多くありました。あるべき管理体制が確立されたと感じる半面、行員とベンダー社員との衝突は多かったように思います。

運用も開発と同様、ベンダー社員の下で管理体制が強化されました。一番インパクトがあったのは、ホストコンピューターの移転です。当時は、Windowsサーバーではなく汎用機の勘定系でした。

自社のデータセンター（以下、ＤＣ）で運用していたホストコンピューターを、ベンダーのＤＣに移転することで、運用コストの削減につながりました。

運用が遠隔操作になった以外にあまり変化や混乱もなく、アウトソーシングが完了したように記憶しています。また、アウトソーシング費用の中に開発費や機器保守、バージョンアップ費用も含まれていたので、銀行としてはシステムコストが管理しやすかったと思います。

品質向上の陰でコスト、スピードが犠牲に

現在、北國銀行のシステム戦略は、自前開発と自前運用に転換しています。「なぜ、舵を切り替えたのか」。その理由を、アウトソーシングのプラス面、マイナス面を比較しながら紹介したいと思います。ただ、これはあくまでも自前開発を選択した銀行の意見であり、決してアウトソーシングを否定するものではありません。

そもそも、アウトソーシングとはノウハウが自社内に蓄積される性質のものではありません。アウトソーシング化と同時に、システムベンダーの社員が増えます。それは、管理主体がベンダーである以上、当たり前のことといえます。

ベンダー社員が増えるのに併せて、アウトソーシングを発注した企業では担当者

を減らす必要が出てきます。なぜなら、担当者とベンダー社員の合計数が開発工数となり、その開発工数を基に契約金額が決まるからです。企業ではコストメリットを出すために、担当者を減らしていきます。こうなると、企業内にシステム開発と運用のノウハウを蓄積することは難しくなります。しかも、アウトソーシング期間が長くなればなるほど、ノウハウは企業からベンダーに移行していくでしょう。

開発スピードが失われるのも、アウトソーシングのマイナス面です。ベンダーは1社だけ受注しても利益を出せません。複数の企業からアウトソーシングを受注し、同一のDCを同一の開発プロセスと管理方法で運営することで利益が出ます。「わが社だけ別のプロセスで開発を実施してほしい」と言っても、土台、無理な話です。

経験豊富なベンダーの開発手法と管理方法に基づくシステム開発により、北國銀行でもアウトソーシング前と比較して障害が極端に減りました。このプラス面の一方で、開発スピードが失われたことも事実です。

当時、北國銀行ではアウトソーシングをするとシステムコストが抑えられると考えていました。しかし、開発スピードが失われ生産性が落ちるということは、開発コストが上がるということです。品質面を重視した結果、コスト高への対応に迫られていたのは間違いありません。

最後に、コミュニケーションの低下です。システム開発を依頼する業務部門の担当者は、主に上流工程を担当するSEにシステム化の要求を伝えます。アウトソーシングでは上流工程を担当するSEはベンダー社員であり、北國銀行の場合も行員がベンダーから派遣されたリーダーの指示で動き、行員同士がコミュニケーションを取る機会が減りました。

（2）2003年からの方向転換〈自前主義&コラボレーション〉

CRMシステムをベンダーと協業で開発

CRM（Customer Relationship Management：顧客管理）は、今やどの企業でも当たり前に行っていますが、2000年当初はほとんど実現できていなかったといってもよいでしょう。

北國銀行でも、お客様情報をまだ支店ごとに管理しており、むしろ支店間で同じお客様を取り合っているような時代でした。このため、顧客管理は支店ごとに置く「渉外支援システム」と呼ぶスタンドアロンのシステムで行い、その中にあるお客様情報はほかの支店では見ることができませんでした。お客様が行きつけの支店にいらっしゃった場合は、それまでの取引情報を基に、ある程度適切な対応ができていたかもしれませんが、ほかの支店に行かれてしまうと、それまでの取引情報がないので失礼な対応をする可能性があるといった状態でした。

この課題を解消するため新しいＣＲＭシステムを導入し、全店でお客様情報を一元化する計画が持ち上がりました。全行員が全店で同じ情報を見ながらお客様の対応をするには、新しいＣＲＭシステムはＷｅｂがよいとの方向性も定まりました。当時、行内にホストコンピューターの開発者はいたものの、Ｗｅｂ系の開発者は皆無であり、どこからどう手をつければよいのか分かりませんでした。そんなとき、あるシステムベンダーとコラボレーションする話が持ち上がり、まだ世の中にない銀行に特化したＣＲＭシステムを一緒に作るという流れが生まれました。

ベンダーにシステム開発を依頼することを、通常、ＳＩ（システム・インテグレーション）と呼びます。これに対して、北國銀行が「コラボレーション」と呼んでいるのは、次のような理由からです。

ＳＩの場合、必ず発注者、受注者という関係性が生じます。ある種の上下関係であり、一般的に発注者側はできるだけ多くの機能をシステムに盛り込み、費用も安くしたいといった無理難題を、受注者であるベンダーに押し付けがちです。ベンダーもその点をある程度見越し、リスク分のコストと期間をＳＩ費用にプラスしていることが多く、結果としてコスト高を招いてしまいます。

一方、コラボレーションの場合、もちろん契約行為は発生しますが、過度に成果物責任をベンダーに負わせることはしません。システムを一から作り上げるため、着手前では見えない部分が多くあります。要件定義をする前のざっくりとした仕様だけで、正確な見積もりをはじき出すことは不可能といえます。

北國銀行の場合、まず工数ベースで要件定義の契約だけを先行して行い、ある程度、要件が見えたところで本契約を交わす形を取ることで、両社が無駄なコストと期間を費やさなくてもいいように考慮しました。

ほかにもコラボレーションならではのポイントがあります。それは、お互いが戦略的にＷｉｎ―Ｗｉｎの関係になるようにすることです。

当時、銀行特化型のＣＲＭシステムが世になかった時代だったので、北國銀行とベンダーがスクラッチでシステムを作り、ベンダーがそれを拡販することでマネタイズするというビジネスモデルを確立しました。片や、北國銀行は既成のパッケージシステムとは違って、自分たちがやりたいこと、使いたい機能を思うがままにシステムに搭載できるというメリットを享受できました。

いずれにしても、これまでの発注者と受注者の関係性から、システムベンダーとコラボレーションするという関係性に変わったのは、このCRMプロジェクトが大きなきっかけでした。

システム部を核にサーバー統合へ始動

2000年代前半のシステムインフラはまだまだオンプレミスが中心で、タワー型のサーバーがDCのラックに積み重ねられている光景が一般的でした。ようやくラックマウント型のサーバーが増え始めてきた頃でしょうか。「サーバー統合」という言葉が出始めていたように記憶します。仮想化技術も、世間ではある程度広がってきていたものの、銀行業界ではまだまだ遠い存在だったといえるでしょう。

北國銀行も、ご多分に漏れず自行のマシンルームに多くの物理サーバーが並び、それどころか各業務部署のオフィスルームに各部署が導入したサブシステムが稼働する物理サーバーが雑然と配置されているような状態でした。まして監視の仕組み

個別サーバーから統合仮想サーバーへの移行イメージ

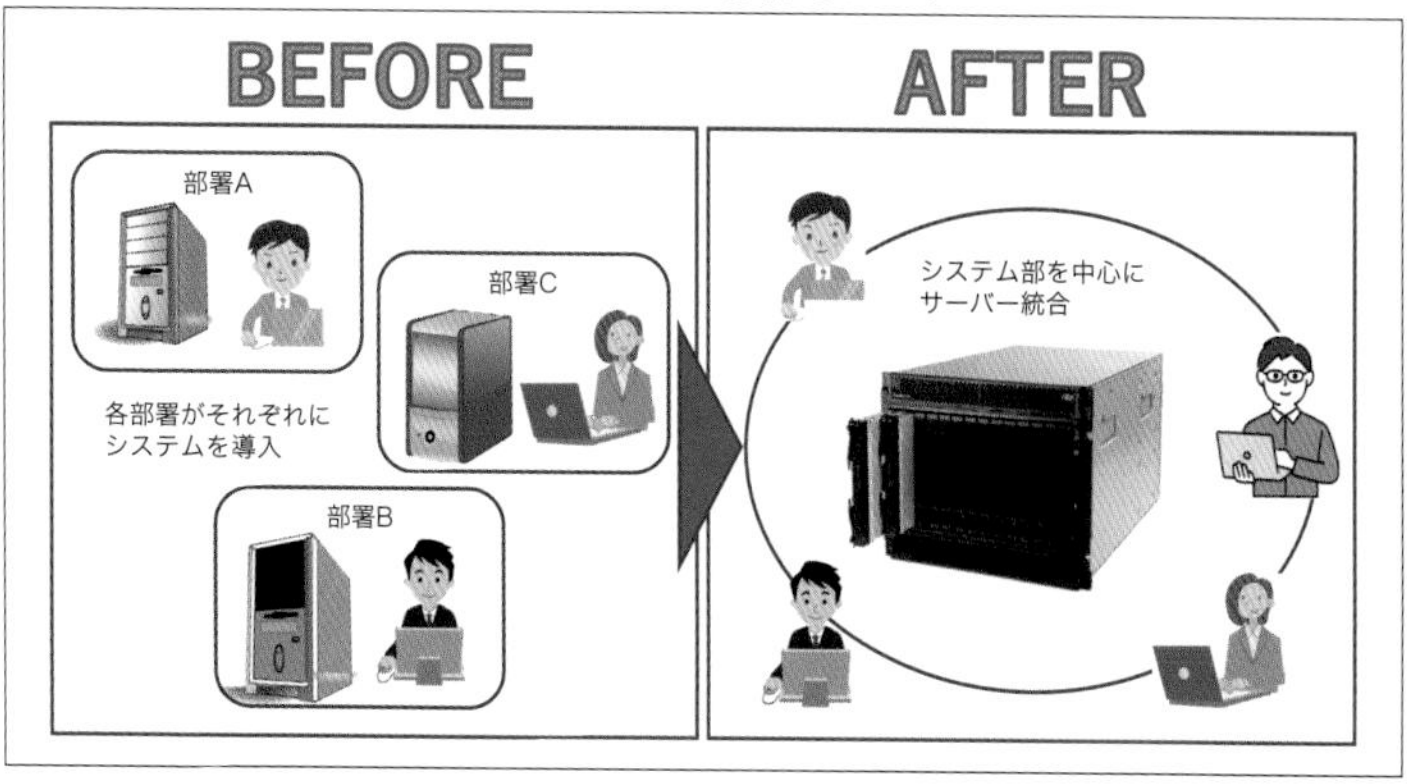

はなく、停電や物理サーバー障害が起きれば予期しないシステムダウンが起きたり、各部署の担当者しかシステム構成が分からなかったりするなど、全くガバナンスの効かない状況が長く放置されていました。

そんな中、２００７年の組織変更でシステム部が創設され、銀行全体のシステムを統括管理するための体制が確立されました。システム部は開発プロセスの見直しなど全行的なルール整備を推し進め、各業務部署がそれぞれの思いで導入していたサブシステムについても全面的に見直し、システム部管理の下で導入するように改善しました。

サーバー統合に向けた第一歩として、サブシステムを導入する際は必ずシステム部の了解を得るようにルールを決めました。従来は各部署が個別にサブシステムを導入し、「サブシステムの数＝物理サーバーの台数」といった無秩序な状態を招いていました。その結果、インフラリソースに無駄が多く、ミドルウエアやハードウエアの保守費用も高止まりしていました。

この2点の課題を解決するため、ブレードサーバーと仮想サーバーを導入してインフラの最適化を図ることにしました。

まず、ブレードサーバーを導入することで、「省スペース化」「省電力化」「監視の一元化」「バックアップの一元化」「代替ブレードサーバーによる可用性の向上」「共有ストレージの利用によるディスクスペースの有効活用」のメリットを享受することができます。次に、仮想サーバーを導入することで、「サーバーリソースの有効活用」「ハードウエア依存からの脱却（ハードウエア保守切れに伴うシステム更改からの脱却）」のメリットも享受できるようになります。

これらのサーバーは、すべてシステム部員が常駐するＤＣに配置しました。そのおかげで、内製で運用メンテナンスがしやすくなり、サブシステムを導入するたびに新しくサーバーハードウエアやソフトウエアを購入する必要もなくなるなど、多くのメリットが得られたと思います。

もちろん、課題もありました。ブレードサーバーは、例えればマンションや団地のようなものです。老朽化で建て替え時期を迎えても、すべての住人（つまりサブシステム）が転居か亡くなる（新サーバーに移行するか廃止）まで廃棄できないのです。1システムしか残っていなくても、ほかに移行できないがためにブレードサーバーを動かし続けなければならないというジレンマも経験しました。

とはいえ、各部署が勝手にサブシステムを導入する〝個別最適〟の時代から、少なくともシステムインフラについては〝全体最適〟の時代へシフトする転機となる案件だったことは間違いありません。

グループウエア導入で恩恵と問題も

次に、グループウエアを中心とした北國銀行内のコミュニケーションについて考察してみます。1990年代の行内コミュニケーションは、まだまだ内線電話が中心でした。ちょうどポケットベルから携帯電話への移行が始まる時期だったと思います。

行内では、行員1人につき1台の内線電話が置かれ、ひっきりなしに呼び出し音が鳴っている状態でした。とても落ち着いて仕事のできる環境ではなく、同僚宛てにかかってきた電話を取りメモを書く、「伝言ゲーム」に充てる時間も相当なもの

2000年当時の北國銀行のグループウエア活用事例
1．通達、業務連絡、掲示板
2．行内メール
3．行内稟議（ワークフロー）
4．名簿、電話帳
5．その他業務アプリケーション

だったと思います。

２０００年代に入りクライアントサーバーモデル、いわゆる「クラサバ」が主流になってくると、クライアントＰＣの処理能力をフル活用する形のグループウエアが世の中を席捲するようになりました。グループウエアの機能は素晴らしく、それまで紙や電話で行ってきた多くの行内業務やコミュニケーションがグループウエアで代替できるようになりました。

それは業務の効率化やコスト削減、スピードアップをもたらし、北國銀行でもメジャーなグループウエアを導入して多くの恩恵にあずかりました。

紙や電話が大幅に減って一見うまくいったかのように見えましたが、一方で新しい課題も生まれました。このグループウエアはクライアントＰＣのパワーをフル活用することで、「複雑な」業務アプリケーションを「簡単に」作り込むことができました。

結果として何が起きたかというと、「今の業務を変えずに、そのままの形でグループウエアの機能として実装し直す」という状況を招いたのです。「今の業務が変わらなくても、電子化できれば紙は減るしスピードも上がるじゃないか」と思われるかもしれませんが、実際はそう単純な話ではありません。例えば、次のようなことが現場で起きてしまったのです。

・グループウエアで稟議を起案する前に紙で内容を印刷し、上司や関係者のハンコをもらっておく

・メールを送った後に念のため電話でメールを送った旨を連絡する。または、メールを送る前に電話で了解を得ておく

・通達や掲示板の内容を紙で印刷して行内で回覧する

このように、一部の業務では効率化するどころか、これまでの業務をさらに複雑化させることになりました。極端に言うと、これまでの紙の業務に加えてグループウエアの作業が増えたようなものです。

2000年代当初は、このように「グループウエアを使って業務を効率化しよう」という前向きな考え方よりも、「ルールだからこれまでの業務は極力変えずにグループウエアを使わなければならない」というやらされ感に近いマインドが残っ

ていたように思います。

パワーエッグを機に業務をシンプル化

この風向きが大きく変わったのが2011年のグループウエア更改でした。きっかけは「ハードウエアとソフトウエアの保守切れに伴うシステム継続方針の検討」で、おそらくどこの企業でも経験があることと思います。

検討した結果、求められるサーバースペックが高く、それに伴う費用も高額となることが分かりました。また、インフラだけではなく、ライセンス費用やバージョンアップ、移行作業といったSE費用も、かなりの高額になることが予想できました。このため、これを機にこれまでのグループウエアをやめ、他社のグループウエアを採用する方向で進めることにしました。

そんな中、候補のひとつとして名前が挙がったのは三谷産業株式会社（以下三谷産業）の提供する「POWER　EGG」（パワーエッグ）でした。当時、有名どころの製品の多くは大手SIer企業の提供するグループウエアなどであり、パワーエッグという名前は正直聞いたこともありませんでした。しかし、説明を聞きデモも見てみると、ほかのグループウエアの機能と遜色はなく、費用も一ケタ安いことから、「多少のハードルはあっても導入しよう」との結論に至りました。

パワーエッグが持つ機能は以下の通りで、一見するとほかのグループウエアと変わりませんでした。

・掲示板
・行内メール
・汎用申請（ワークフロー）
・電子会議室
・伝言メモ
・名簿
・作業（タスク管理）

しかし、それまで利用していたグループウエアと根本的に異なっていたのが「カスタマイズできない」という点でした。前述の通り、これまでのグループウエアでは「複雑な」業務アプリケーションを「簡単に」作り込むことができましたが、パワーエッグには複雑な機能を「作り込む」機能がありませんでした。このため、北國銀行に与えられた選択肢は次のふたつでした。

【案1】三谷産業に依頼してパッケージをカスタマイズする

【案2】パッケージに合わせて業務を変える

案1を選択した場合、これまでの業務をそのままの形で継続することはできるかもしれませんが、開発費用と時間がかかる上に、パッケージのバージョンアップを行う都度、カスタマイズとテストが必要になります。

そこで、北國銀行では案2の「パッケージに合わせて業務を変える」を選択しました。当然、現場は混乱しました。長年疑問を持たずに続けてきた業務を、「グループウエアに合わせて変えてくれ！」と変更を迫ったからです。しかし、この方針は企画部門を中心にトップダウンですべての部署に周知され、こだわりがある部署も、そうでない部署も、とにかくパワーエッグに合わせて業務をシンプルに組み立て直すしかありませんでした。結果、業務は大幅にシンプル化され、全体最適が図られていくようになりました。

行員のマインドに生まれた大きな変化

さらに、パッケージをカスタマイズせず、そのまま採用することでバージョンアップがしやすくなりました。カスタマイズをしてしまうと、パッケージの機能向上や不具合対応などを理由にバージョンアップが必要になった際、再度のカスタマイズが必要になったり、影響がないかどうかの確認テストが必要になったりします。ですが、「カスタマイズをしない」選択をしたことで、個人のパソコンにインストールされているアプリケーションのバージョンアップのように、簡単にアップグレードを行うことができるようになりました。

過去データの移行でも大鉈を振るいました。グループウエアに10年近く蓄積してきたデータを移行しないとの決定を役員が下したのです。移行の選択をしてしまうと、新しいグループウエアでも受け皿となる機能を再度実装（カスタマイズ）しなければならず、移行設計や作業にもかなりの時間と工数と費用が割かれることになります。

「過去データを捨てるなんて現実的ではない」と思われるかもしれませんが、過去データは前述の仮想サーバーに移行することで塩漬けにし、一部のパソコンからだけ閲覧できるようにしたことで、必要最低限の業務はカバーできました。パワーエッグには目に見える効果だけでもかなりのメリットがありましたが、行員のマインドに生まれた以下の大きな変化にこそ真の価値があったと思います。

①「なぜ、なぜ」を繰り返すことで、複雑な業務をシンプル化しようというマインドが培われた。

②業務をシンプル化する上でリスクが生まれる場合、上司にエスカレーションしてリスクを受容してもらおうとする動きが生まれた。

③他部署の業務との間で横串を刺しながら効率化しようというマインドが生まれた。

他方、グループウエアの更改によって得られたメリットをまとめると、次のようになります。

①業務のシンプル化が実現できた。

②業務の全体最適が図られるようになった。

③グループウエアに関するシステムコストが大幅に削減された。

④銀行全体に「シンプル化」と「割り切り」のマインドが芽生えた。

第1次Surface改革がスタート　～シンクライアントの導入～

ＣＲＭを使うにしても、グループウエアを使うにしても、クライアントパソコンは不可欠です。今でこそスマートフォンの利用が中心となっていますが、２０００年代はまだまだパソコンが主流でした。

当時のパソコン用ＯＳはWindows 2000やWindows XPがメインで使われており、

第1次surface改革でタブレット型パソコンとスマートフォンを使った業務スタイルが定着

ノートパソコンとデスクトップパソコンが混在している状況でした。インターネットの世界に目を向けると、一部の専門家や企業のみがホームページを持つ時代から一般ユーザーがメールやブログ、ＳＮＳを当たり前のように使いこなす時代への移行期を迎えていました。

インターネットにアクセスするためのＷＡＮ（Wide Area Network）は、ＩＳＤＮやＡＤＳＬといったメタリック回線を用いたサービスから光ファイバーを用いた高速ネットワークに進化しており、ＬＡＮ（Local Area Network）も有線から無線に変わっていきました。いよいよパソコンやインターネットの利用を前提とした社会がやってきたのです。

一方で、当時の銀行のIT利用環境はどうだったかというと、以下の通りお世辞にも使い勝手のよい環境とはいえませんでした。

・デスクトップパソコンが中心
・自席のみで利用可能
・有線LAN
・インターネットは一部スタンドアロンのパソコン（共有PC）のみで利用可能
・インターネットメールは共有PCで部署ごとの共有アドレスを利用
・電話は固定電話のみ

明らかに、世の中の「当たり前の」状況より遅れていました。結果として、次のようなワークスタイルが日常の風景となっていました。

・お客様先へ訪問する際は紙の資料を印刷して持ち出す
・お客様との面談記録は紙にメモしておき、帰社後にCRMに入力する
・会議は大量の資料を印刷して使用、会議後にシュレッダーで破棄する
・インターネットを閲覧する際は執務室に置かれている共有PCを利用する
・インターネットメールを送受信する際も共有PCを利用し、共有アドレスで送

受信する

・外出中に電話があった場合は紙の伝言メモを残しておき、帰社後に折り返し架電する

このようにＩＴ環境のレベルが低く、明らかに仕事に無駄が生じていました。この状況を打破しようと２０１３年10月、ＮＥＣ、マイクロソフトとのコラボレーションでスタートしたプロジェクトが第１次Surface改革、名付けて「Project Green」でした。ちなみに「Green」は北國銀行のコーポレートカラーを表現したものです。

◆目的

・ワークスタイル変革による業務生産性の向上とコスト体質の改善

—どこでも営業店（お客様先で営業店同様の仕事ができる環境）の整備

—行内業務の効率化

—ＩＴの全体最適化・シンプル化

Project Greenが始まったきっかけとして、「ワークスタイル変革」以外の外的要因もありました。ひとつ目は、勘定系のオープン化（BankVisionの採用）により、営業店ネットワークを刷新する必要があったこと。ふたつ目は、行内電話交換機

北國銀行のIT基盤再構築のイメージ

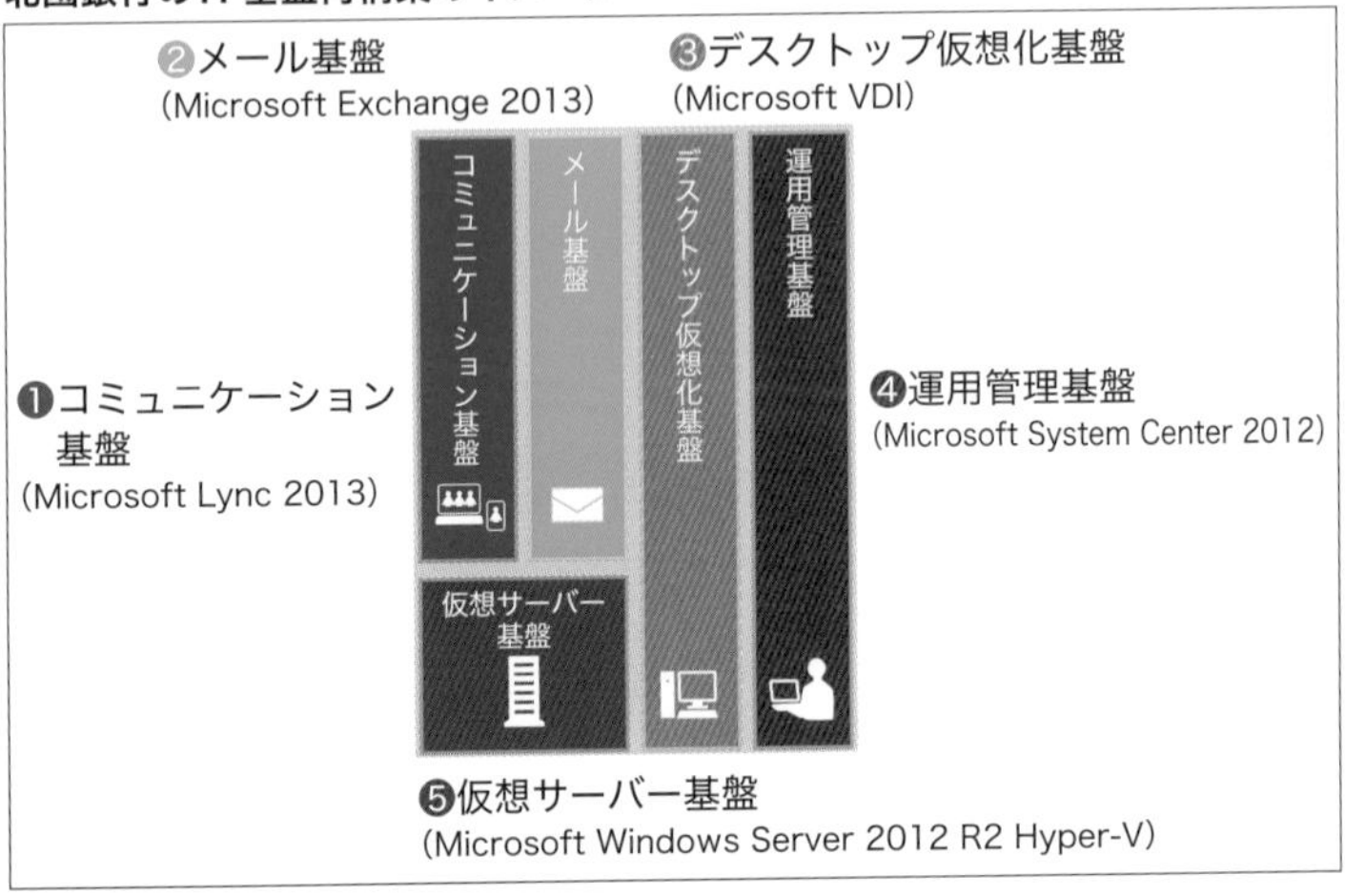

（ＰＢＸ）や複合機（プリンター）、パソコンの保守期限が迫っていたこと。三つ目は、新本店への移転によりインフラ設備を新規に用意する必要があったことで、「どうせインフラ機器を新規に購入したり入れ替えたりする必要があるのなら、〝ＴｏＢｅ〟をしっかり描いて一から設計し直そう」という発想が生まれました。

このProjectGreenで打ち出したＩＴ施策は多岐にわたりました。

・行員全員にどこでも使えるパソコン（Microsoft Surface）を貸与
・行員全員にスマートフォンを貸与
・個人メールアドレスの利用
・Lync（Skype）によるＩＭ（インスタ

ントメッセンジャー）の利用
・Lync（Skype）による内線電話の代替
・各自のパソコン（Surface）でインターネットとインターネットメールを利用
・無線ＬＡＮの採用
・シンクライアントの採用

セキュリティ対策、労務管理が重要に

当時の最先端のＩＴ技術を駆使し、できるだけ働きやすいワークスタイルを実現しようという取り組みでしたが、その効果は期待以上のものでした。自宅や外出先、出張先で自由にＣＲＭやグループウエアなどの行内システムが利用でき、会議でも行員全員がSurfaceを使うことで紙に印刷したり破棄したりする必要がなくなりました。

議事録も会議をしながら入力できるようになったので、メモを取っておいて後からパソコンで入力するといった無駄な作業が減りました。Lync（Skype）で行員の状況（自席か外出中か会議中か休暇中かなど）が分かることから無駄な電話や伝言が減り、ＩＭで要件を伝えることもできるようになりました。インターネット閲覧やインターネットメールも自由に使えるようになり、お客様とのコミュニケーションもスムーズになりました。

多くのメリットが生まれた裏で、利便性を得るための苦労もありました。主にセキュリティと労務管理の観点です。セキュリティ面では、やはり情報漏洩への警戒と考慮が重要でした。例えば、「無線ＬＡＮ化によりネットワーク通信が盗聴されないか」「不正な端末からアクセスされることはないか」であり、これに対しては証明書を利用することによる端末認証やデータの暗号化などにより、有線ＬＡＮよりも高いセキュリティレベルを実現することができました。

また、「持ち出したパソコンから顧客情報が抜き取られるのではないか」では、シンクライアントを利用することで物理的なファイルがパソコンから持ち出されないように配慮しました。「インターネット経由で顧客情報が洩れるのではないか」では、インターネットアクセスもシンクライアント化することでファイルをアップロードできないようにしました。

労務管理についても議論しました。行員が管理職の目の届かない自宅や外出先で時間外に仕事をする、いわゆる「闇残業」の可能性をどう排除するかです。これについては、システムの利用を機能ごとに「業務」と「業務外」に分けた上で個々人のシステム利用状況を取得し、一覧で全行に展開、見える化して正確に労務管理ができるようにしました。例えば、ＣＲＭシステムで交渉履歴を入力していたら「業務に該当」、グループウエアで研修資料を閲覧していたら「自己啓発とみなす」といった具合です。

いろいろな意味で初めてチャレンジすることばかりだったので、正直トラブルも起きました。「シンクライアントに接続できない」「始業時間帯に回線が遅くて使いづらい」といったような事象です。昔だったら、「いつになったら直るのか」とか「原因は何だ」みたいな不満が挙がったかもしれませんが、そのような「クレーム」を言ってくる行員はいませんでした。

プロジェクトチームが「初めてのことにチャレンジしている」を、銀行全体が理解していたからです。この挑戦が失敗に終われば、過去の使いづらいＩＴ環境に戻るだけ。ならば、多少のトラブルがあっても今の進化したＩＴ環境のほうがずっとよいという合意形成ができていたおかげで、プロジェクトチームも臆することなく前に進むことができました。

そして、このチャレンジ精神はプロジェクトチーム以外にも広く浸透することになったのです。

（3）2015年以降の動き〈勘定系システムをオープン系へ〉

複数の大型プロジェクトが同時進行

北國銀行では、2015年に勘定系システムを従来のベンダーから日本ユニシスに移行しました。当時、この勘定系システムの移行だけでなく、複数の大型プロジェクトが同時進行していました。「本店移転」「国際系システム更改」「営業店端末更改」「市場系システム更改」「融資支援システム更改」の5つで、プロジェクトの進め方は専任チームを作るのではなく、それぞれの主管部署が通常業務を行いながら兼任で行うスタイルを取りました。

その理由は、専任チームだと盲目的、個別最適に陥る危険性があるからです。それよりも「他業務とのバランスを取りながら、常に横串を刺して全体最適を考えていくには兼任のほうが適している」というのが、北國銀行の一貫した考え方です。

もちろん例外もありますが、兼任の場合、複数のプロジェクトを同時進行させる必要があるため難易度は専任より上がります。「本店移転」以外は勘定系システム

JR金沢駅金沢港口に2014年11月、新築移転した北國銀行本店ビル（写真中央）

移行に伴う案件で、このうち「勘定系システム移行」と「営業店端末更改」について少し説明させていただきます。

オープン系がメインフレームを凌駕

それまでの勘定系システムベンダーと交わしてきた勘定系システムの契約期限が到来するため、継続か他社のベンダーシステムに移行するかの判断を迫られていました。北國銀行が重視するポイントは２点ありました。１点目は「内製化」で、すでに本章（２）「２００３年からの方向転換」で紹介の通りです。

２点目は「オープン化」です。金

融機関の勘定系システムは、メインフレーム（汎用機）が主に使用されてきました。IBM、日立製作所、富士通、NECといったメーカー独自仕様のシステムです。それに対して、オープン系とはWindows・Linux・UNIXなどに代表される、OS上で稼働するシステムのことをいいます。

両者の大きな違いは、まずコスト面です。メインフレームは非常に高価で、1台十数億円かかります。システムは複数台で構成するため、トータルコストは巨額となります。片やオープン系のサーバーは、1台当たり高くても数百万円でしょう。コスト面からは、オープン系の圧勝となります。

それでは、ソフトウエア面はどうでしょうか。メインフレームは製造するベンダーが独自OSを作成し、運用することがほとんどです。このため、ハードウエアとソフトウエアが一対一の関係となり、どうしてもベンダーロックインになります。オープン系はWindowsなど多くのベンダーが使用するため、ソフトウエア面で多くの選択肢があるといっていいでしょう。また、競争原理が働くのでソフトウエア価格も安くなります。

オープン系に以上のアドバンテージがあるにもかかわらず、金融機関の勘定系システムはメインフレームが主流なのはなぜでしょうか。これはおそらく、金融機関のシステムは社会インフラであり、止まることなど許されないという強迫観念がメインフレーム信仰を生み出しているように思うのです。加えて、古い言語（枯れた言語）でコーディング（プログラム作成）されているのでバグが少なく、高い計算能力や高品質を持っていると信じ切っているのです。

しかし、ここ数年でWindowsサーバーの処理速度は数倍に跳ね上がり、メインフレームと同等の処理速度を手にしています。ソフトウエア的にも常に新しい技術が取り入れられ進化しています。実際、北國銀行がオープン系システムであるBankVisionを導入して5年余がたちますが、メインフレーム時代と比較して処理が遅くなったと感じたことは一度もありません。接続性、柔軟性、スピード、将来性（コスト低減や新技術・新サービス）のあらゆる面で、オープン系はメインフレームをすでに超えていることを実感します。パラダイムシフトは確実に起きており、盲目的なメインフレーム信仰から早く目を覚ます必要があるのかもしれません。

BankVisionを提供する日本ユニシスには、「MIDMOST」という優れたミドルウエアが存在します。日本ユニシスがメインフレームで培ったノウハウをベースに、オープン基盤でミッションクリティカル処理を、安全・確実に行うために開発されたミドルウエアです。簡単に言うと、勘定系システムであるBankVisionとWindows OSを結び付ける役割を担っています。

２０１５年に本番稼働したBankVisionの業務アプリケーションはＣＯＢＯＬで作成されています。これを聞いて、「何だ、メインフレームと同じじゃないか」と思われるかもしれません。その通りですが、現在、Ｗｅｂ系言語へのリライトも考えています。詳しくは、本章（５）「２０２４年以降のシステムの全貌」で説明します。

BankVision開発当時はＣＯＢＯＬ全盛期でした。開発を担当するＳＥも多く、メインフレーム時代の資源を有効活用するためにＣＯＢＯＬを選択したのだと思います。

ＭＩＤＭＯＳＴは、ＣＯＢＯＬの業務アプリケーションとWindows OSを結び付ける機能も持っています。そのほか、24時間稼働支援機能や外部との通信機能などさまざまな機能を保有しており、勘定系オープン化実現のための大きな役割を果たしています。

勘定系移行を成功させるポイント

さて、ベンダーを多方面から比較検討した結果、「オープン系」と「内製化」を決め手に日本ユニシスのBankVisionに移行することを決定しました。移行作業にあたっては日本ユニシスからＰＭ・ＳＥを派遣していただき、北國銀行システム部と同じ場所で一丸となって行いました。

２年半の作業予定でプロジェクトが始まり、予定通り完了しました。その内訳は、要件定義６カ月、設計・製造・テスト１年３カ月、営業店テストや研修を含んだシステムテスト９カ月でした。ま

北國銀行のBank Visionの構成

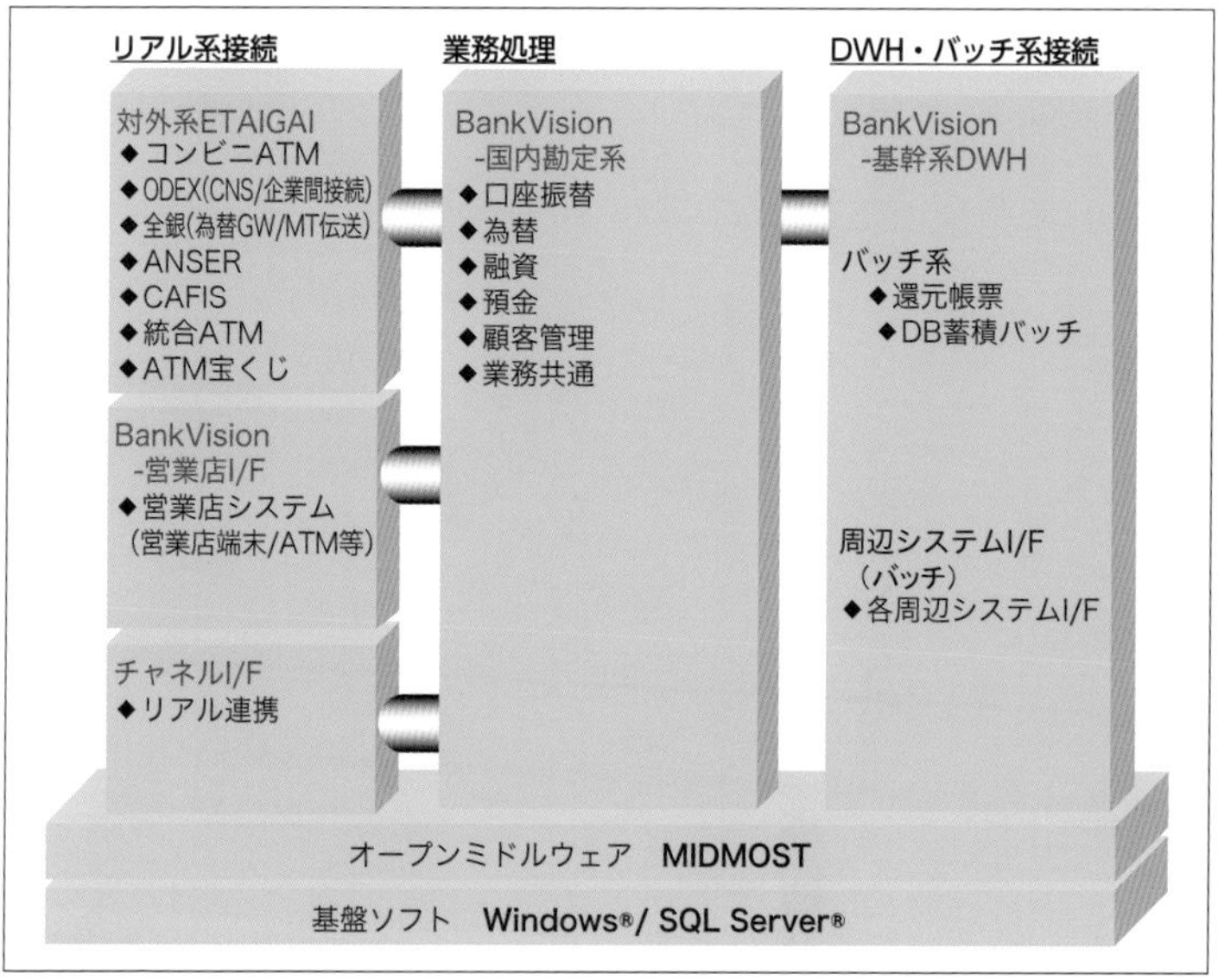

た、システム部門で延べ5,805人月、事務部門で426人月かかりました。

ここで、プロジェクトで工夫した点をいくつか紹介します。まず、管理面では、マスタースケジュールから何段階かブレークダウンし、最終的に作業ごとのWBS(Work Breakdown Structure)を作るのはほかのプロジェクトと同じですが、集計の自動化と見える化にはこだわりました。すべてのWBSを自動で集計するツールを作成し、結果をプロジェクトメンバー全員で共有するようにしました。

「進捗会議のタイミングで報告すればいいのでは」とか「わざわざツールを作る工数がもったいない」と思われる方もいるかもしれません。しかし、勘定系システム移行のような超大型・長期間のプロジェクトでは、ツールなどの充実が管理をする上でとても大きく影響します。いったん整備してしまえば、集計ミスもなく正確な管理ができます。また、ツールが実行されれば結果が全員に周知されるので進捗をごまかしようがありませんし、遅延発生の場合にプロジェクトとして迅速に手を打つことができます。

次に、リソースの配分です。限られた人的資源をどの分野に割り当てればいいか悩まれることでしょう。「オンライン処理」「バッチ処理」「カスタマイズ部分」「移行」などの分野がありますが、北國銀行の実体験から判断すると「移行」が最も重要だと思います。

「移行」さえうまくできれば、後はどうにでもなるといっても大げさではありません。「移行8割、ほか2割」のイメージです。「移行」が失敗するとフォールバックしかありませんが、成功すれば障害が発生したとしてもフォワードリカバリーが可能です。

勘定系システム移行後、スムーズに内製開発が開始できなければいけません。システムが変わるので当たり前のことですが、システム構成はもちろん、開発言語がPL／IからCOBOLに変わりますし、開発プロセスや標準化ルール、本番反映手順など、すべてのスキルを一から学ぶ必要があります。極端な話、これまで積み上げてきたシステムスキルがいったんゼロになってしまいます。

そんな不安を解消するため、北國銀行ではシステム移行工程と並行して、SEを対象にした新システム研修を実施しました。経営から「1人の落伍者も出さないようにスキルチェンジ研修を進める」とのメッセージをもらったので、SEも積極的に参加しました。また、優秀な若手を選別して日本ユニシスに出向させました。北國銀行が発注したカスタマイズ部分の開発を、日本ユニシスの立場で行うことで研修以上の効果を上げることができ、出向した行員は今ではチームリーダーに成長して、後進の指導を積極的に行っています。結果として、行員のほか昔から付き合いのある協力会社メンバーからも、誰一人として落伍者は出ていません。

システムを移行する場合、最大の問題はカスタマイズの量です。カスタマイズが多くなると開発コストが高くなります。それに加えて、カスタマイズ部分に潜む障害リスクがあります。北國銀行も昔はそうでしたが、特に金融機関ではパッケージ導入時にカスタマイズをしたがります。そもそも、カスタマイズが多いということは導入すべきパッケージではないのです。カスタマイズをしなくても使えるパッケージを導入すべきであり、現行機能に合わせるためのカスタマイズなど論外です。現行機能のほうがよいのであれば、システム移行や新パッケージ導入の必要はないと言っても過言ではありません。

ここで、北國銀行がカスタマイズを抑制するために行ったことを紹介します。まず、カスタマイズの決裁権限をプロジェクトの最高責任者である役員(代表取締役)にしました。たとえ、0・1人月のカスタマイズであっても、役員の決裁なしにはできなくしました。そして、プロジェクト開始時から「パッケージをノンカスタマイズで受け入れる。カスタマイズは原則行わない」を大原則に掲げ、お客様に大きな影響があり代替えの商品やサービスを提供できない場合に限ってカスタマイズを認めることにしました。

このルールに則り、内部事務のためのカスタマイズなどは絶対に承認されませんでした。結果、先行する他行と比べてカスタマイズ量は半分から3分の1に減りました。もちろん、現場で不満の声が挙がりましたが、「いったんパッケージを事務も含めて受け入れる。その後、1年で退化した部分の事務を集中的に内製開発し改善する。次の1年で営業面を改善させる」という方針も同時に打ち出すことで、カスタマイズの量を最小限にしたのです。

障害発生時の対応と行内研修で大切なこと

お客様対応と行内研修についても、少し紹介します。定期積金を廃止して積立定期で代替えするなど、かなりのお客様対応と周知を行いました。洗い出した100を超える案件について、お客様との交渉が必要なものと周知で済ませるものとに分類し、前者は稼働の2年前、後者は1年前からお客様対応を行いました。お叱りを受けることも多くありましたが、時間をかけて説明してご理解をいただきました。

新たな事務手続きや端末操作方法の習熟不足から事務ミスや事務処理遅延などが数多く発生することは、システム障害に匹敵するオペレーショナルリスクにつなが

勘定系移行にあたり行った研修風景

ると危惧していました。それがお客様満足度の低下を招き、北國銀行の存立基盤をも揺るがしかねないからです。このため「新たな事務手続きと端末操作方法の習熟は、営業店、本部を問わず全行員、ビジネススタッフの最重要課題として取り組む」との方針で研修を行いました。

まずは各支店に「事務リーダー」を任命し、集中的に本部事務部門が研修を行いました。事務リーダーは自店メンバーの育成に責任を負うのです。事務リーダーによる育成と併せて、事務研修やオペレーション研修を集合研修形式で実施することで相乗効果が得られたと思います。

また、本店に端末の打鍵練習がいつでもできる研修環境を準備しました。営業店行員に業務後、本店に寄ってもらい積極的に自習してもらいました。各店にも1台新システムとつながる端末を準備して打鍵できるようにしました。本番稼働2週間前まで研修を実施していました。

カスタマイズを最小限に抑えても、当然、障害は発生します。北國銀行の場合、どの部分に発生したかというと、やはりカスタマイズした部分でした。システム移行を機にお客様と個別商品の廃止交渉を行いましたが合意に至らず、残ったままになった商品がありました。これがリスクになるとの予想通りに障害が発生し、お客様にご迷惑をおかけすることになってしまいました。

後は、サブシステムの連携部分です。BankVisionを採用している各銀行のサブシステムは当然異なりますから、北國銀行独自のサブシステムと連携する部分はすべてカスタマイズが必要になります。システム開発を行えば行うほど、残念ながら障害は発生します。そのため、稼働直後は24時間体制で障害に備えました。日本ユニシスの有識者と北國銀行の管理職でチームを組み、3交代制で対応しました。

障害発生時に往々にして見られるのは、前シフトの人間が心配で残ってしまうことです。システム更改のような超大型案件では、いくらテストしても本番稼働時に障害が発生し、1日で収束することはほとんどありません。1週間から2週間の長丁場が避けられない中で、シフトを守らないと障害対応をする人間がいなくなったり、睡眠が十分でなく冷静な判断ができなくなったり、体調を崩してシフトからの離脱を余儀なくされたりすることもあるでしょう。

心配で現場を離れられない気持ちは分かりますが、大事なことはシフトを守り、引き継ぎをしっかり行うことです。北國銀行では、各担当者がシフトを守って稼働直後の混乱を何とか乗り切ることができました。

汎用化と内製化の大きな意義とは

次に、北國銀行の営業店端末を紹介します。現在、北國銀行では日本ユニシス製の「BANK_FIT-NE」(以下、ＢＦＮ)を使用しています。最大の特徴は、「汎用化」と「内製化」です。

ＢＦＮは、今までのような長期保証型の専用機器で構成されるシステムと異なり、安価な汎用品を汎用インターフェースで接続して活用することが可能です。以前の営業店端末は、同一ベンダーがハードウエアとソフトウエアを一体で提供する営業店窓口の専用システムでした。

もちろん、内製化などはできませんし、端末にサードパーティー製のソフトウエアをインストールすることもできません。専用機器の塊なので、ベンダーの保守が必須となります。さらに、支店ごとに通信サーバーの設置が必要です。かなりのコストがかかる上、営業店端末更改にも数十億円の投資が不可欠となります。今でも多くの金融機関が、このような重厚な営業店システムを導入しています。

これに対して、BFNは安価な汎用製品で構成されています。本体は家電量販店で購入できる普通のパソコンです。キーボードも自宅のパソコンで使用しているものと同じです。スキャナーも同様です。唯一、家電量販店で購入できないのは通伝プリンターでしょうか。通帳に印字するために、ほかの部品と比べると専門性が高いといえます。

ただし、ベンダーが指定されているわけではありません。事実、BFNを導入している他行は、北國銀行とは違うベンダーの通伝を使用しています。必要な機器をUSBで接続し制御しているので、コスト面でも圧倒的に安くなります。

北國銀行では、営業店端末の保守をベンダーに依頼せず、内製化しています。なぜなら汎用性の高い機器を使用しており、壊れた機器を新しい機器に替えるだけで済むからです。従来の重厚な営業店システムであれば、5年から7年でシステム更改時期が巡ってきますが、ＢＦＮは優れた汎用性からシステムの定期更改が不要となります。必要な機器から必要なときに交換していけばいいのです。「汎用化」の採用で、数十億円かかる定期的な更改プロジェクトから解放され、圧倒的なコスト削減が可能となりました。

北國銀行では、営業店端末の開発も内製化しています。画面の新規作成、修正、勘定系システムやサブシステムとの連携はもちろんですが、日本ユニシスとの協業でさまざまな新機能も内製化しています。

どのように取り決めているかというと、営業店端末の新機能の企画段階から両社でアイデアを共有し、定期的に協議をしています。スキル上、北國銀行単独での開発が難しい場合は、一部を日本ユニシスに発注します。ただし、テンプレート（サンプル）的な開発だけを発注し、量産部分は内製メンバーで実施しています。こうすることでスキルを蓄積し、次回から完全内製化が可能なレベルにスキルアップするためです。

以前の重厚な営業店システムを高級外車に例えるなら、ＢＦＮはさしずめ国産小型車です。どの金融機関でも来店客数が減少し、ますます非対面チャネルの利用が増えるにもかかわらず、いつまで高級外車を用意しなければならないのでしょうか。最近、北國銀行の営業店端末を視察したいと希望する方が増えていますが、ご興味のある方はぜひご覧になって確かめていただければと思います。

ＢＯＣとタブレット端末で効率化を加速

ＢＦＮの魅力的なオプション機能をひとつ紹介しましょう。北國銀行のプロジェクト「事務革命」で導入したバックオフィスセンター（以下、ＢＯＣ）です。「事務革命」のキャッチフレーズは、元は営業店事務の改善を考えて「事務改革」としたのですが、役員から「改革ではダメ。血を流して営業店事務をゼロにする革命を起こすつもりでやってほしい」との指示が出され、変更したものです。

革命に恥じない機能、その中核を担ったのがＢＯＣでした。具体的には、営業店から事務センターにイメージを転送し、センターのパソコンで自動店番代行をします。つまり、営業店事務を事務センターでスムーズに代行することができるのです。検印事務も事務センターが担当します。事務センターでオペレーションすることで、営業店内における事務が削減でき、行員がお客様へ提案する時間のゆとりを生み出します。

ＢＯＣは通帳発行も可能であり、通帳発行機も同時に導入しました。営業店から

お客様がタブレット端末で情報を入力する北國銀行の窓口風景

事務が減ることで、営業店端末の削減と少人数での店舗運営が可能となりました。また、ＢＯＣのオペレーターに都市圏の店舗の行員を追加しました。都市圏の店舗は事務の繁閑の差が激しいため、人員の有効活用につながりました。

さらに、営業店事務を削減するためにタブレット端末を導入しました。行員がオペレーションするのではなく、お客様に伝票記入の代わりにオペレーションをしていただこうとの発想からです。

これにより、入力ミスが少なくなりました。入力内容は勘定系にオンライン連動しており、ほぼすべての取引をタブレットからのオペレーションで完結できるようになりました。現時点では、通帳発行などを伴う取引がＢＯＣに連携しており、タブレットの導入でさらにＢＯＣの人員削減が実現できています。

（4）2019年からクラウド移行が加速 〈思考、組織、文化を変える触媒に〉

インターネットバンキングのクラウド化に挑戦

２０１５年に勘定系システムのオープン化、Windows化を実現した時点で、北國銀行は勘定系システムをはじめとしたあらゆるシステムをクラウド化したいと考えていました。そして、最初にターゲットとして白羽の矢を立てたのがインターネットバンキングでした。もっとも、当初から「クラウド化」のみに重点を置いたわけではありません。

本当にやりたいことは、「インターネットバンキングの刷新」でした。一般的に、インターネットバンキングは大手システムベンダーが開発したパッケージを採用し、若干のカスタマイズを行った上でお客様にサービスを提供する形態がほとんどです。しかし、従来のインターネットバンキングには以下のような課題がありました。

①スピーディーに開発ができない。
②操作感（UI／UX）が悪い。
③自由にカスタマイズができない。
④セキュリティ対策が不安。
⑤数年に一度の基盤更改が必要になる。

北國クラウドバンキング

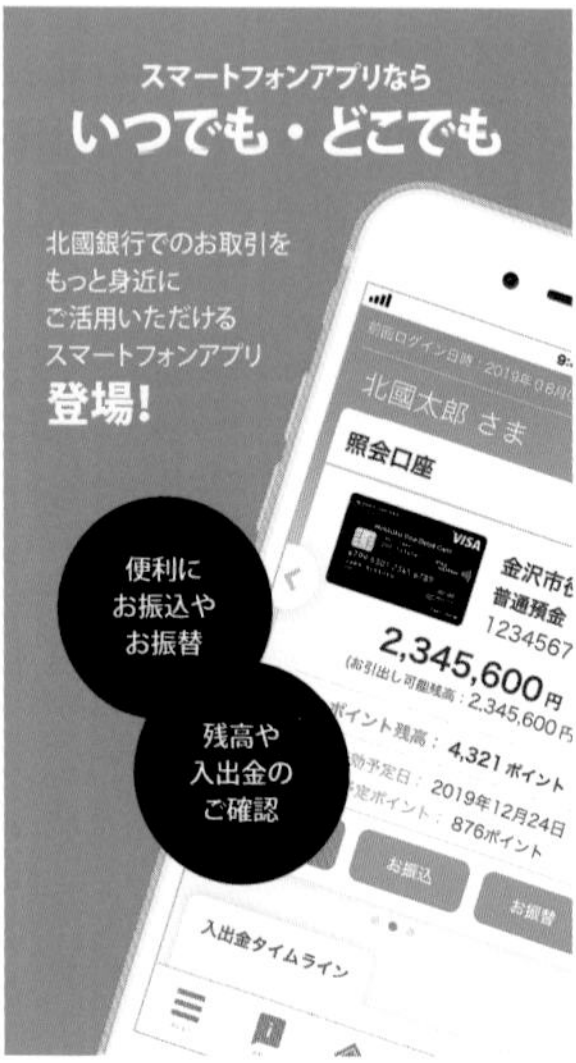

銀行窓口に来店されるお客様が減る中、今後の顧客接点のメインチャネルとしてインターネットバンキングへの期待が高まるのは時代の流れです。しかし、これほど多くの課題を抱えたままでは、到底、その重責を果たすことはできません。理想的なシステムになるのは、①スピーディーに経営戦略を反映できるシステム、②操作感（UI／UX）が良い、③自由にカスタマイズができる、④常に最新のセキュリティ対策が施されている、⑤基盤更改が不要――に対応できなければなりません。これらの解決の方策を探るため、まず現状の課題に対する原因と対策をまとめ

インターネットバンキングの現状の課題に対する原因と対策

現状の課題	原因	対策
1．スピーディーに開発ができない	・変更の際にシステムベンダーとの契約が発生する ・ウォーターフォール型開発で、要件定義からリリースまでの時間が長い	・内製開発への移行 ・アジャイル型開発の採用
2．操作感（UI／UX）が悪い	・パッケージシステムによる制約がある ・ウォーターフォール型開発により、要件定義工程で操作感の検証が難しい	・独自システムの採用 ・アジャイル型開発の採用
3．自由にカスタマイズができない	・パッケージシステムによる制約がある	・独自システムの採用
4．セキュリティ対策が不安	・オンプレミス基盤なので、都度手作業でセキュリティ対策を施す必要がある	・クラウドの採用
5．数年に一度の基盤更改が必要になる	・ハードウエアやソフトウエアの保守切れが発生する	・クラウドの採用

てみました。（上の表参照）

このように整理してみると、有効な対策が①内製開発への移行、②独自システムの採用、③アジャイル型開発の採用、④クラウドの採用――の4点に絞られることが分かりました。「インターネットバンキングのクラウド化」という言葉が先行しがちですが、これら四つの対策を含んだ「インターネットバンキングの刷新」が必要だったのです。

２０１６年、北國銀行は以前からお付き合いのある金融

2017年4月、システムベンダーと協働でインターネットバンキングのクラウド化への挑戦がスタート

系システム会社数社を回り、インターネットバンキングの刷新についての提案を求める依頼をしました。しかし、返ってきた答えは、いずれも芳しいものではありませんでした。どのシステム会社も、契約を結ぶクライアント各社のサービス維持に手いっぱいで、北國銀行独自のインターネットバンキングをスクラッチで、かつクラウドで開発するという構想には乗っていただけませんでした。

　そんな中、マイクロソフトから紹介いただいたのがＦＩＸＥＲ《フィクサー》でした。ＦＩＸＥＲはマイクロソフトのパートナーとして、クラウド基盤であるAzureを駆使したシステム構築を得意とするベンチャー企業でした。金融システムの構築経験こそなかったものの、北國銀行が目指す新しいインターネットバンキングの志向に賛同をいただきました。そして、同社が得意とするAzureをベースに、北國銀行による内製開発、独自システム構築、アジャイル型開発という要望をすべて受け入れていただく形で２０１７年４月、プロジェクトがスタートしました。

異なる企業文化の体験で大きな収穫

次期インターネットバンキングの構築プロジェクト「ＨＯＸプロジェクト」（HokkokubankとＦＩＸＥＲを合わせた愛称）はあらゆる点で初めての挑戦だったこともあり、船出早々から幾多の課題に直面しました。

これまで銀行はウォーターフォール型の開発しか経験がありませんでした。プロジェクトのキックオフ時点でマスタースケジュールを作成し、体制を確立させ、コスト、スコープもすべて固めてからスタートする形です。ＨＯＸプロジェクトもこれにならい、すべて事前に計画を固めてからスタートしましたが、３カ月目で早くもスケジュールの遅延が発生しました。

今思えば当然なのですが、作ろうとするインターネットバンキングの具体的な仕様や要件が全く分からない状態で計画を立て、ＦＩＸＥＲも大規模なプロジェクト運営や金融システムのようなクリティカルなシステム構築、銀行の勘定系システムと結合するようなエンタープライズシステムの構築などは未経験だったからです。

いきなりの遅延に、北國銀行もＦＩＸＥＲも焦りました。これまでの北國銀行の意識として、「システム構築プロジェクトは計画通り進んで当たり前、遅延やコスト増などは到底受け入れられるものではない」があり、片やＦＩＸＥＲ側も「銀行の要求がこれほどまでに厳しいとは」との大きな戸惑いがあったと思います。

「このままではプロジェクトは確実に失敗する」との不穏な空気が関係者の間に流れ、両社の関係も次第にぎくしゃくしたものになっていきました。もはや、ウォーターフォールでもアジャイルでもなく、ただ何となく目の前の課題をつぶしていくだけの無為な日々が続いていました。そんな中、ＦＩＸＥＲから「わが社に出向してみませんか」との提案がありました。

銀行の文化も昔と比べてずいぶん変わりましたが、まだまだシステム会社のことをパートナーではなく、「受注者」とみなす上から目線が強くありました。「銀行はお金を払って仕事をお願いしたのだからベンダーがやって当たり前。銀行は一切手伝う必要はない。ベンダーに責任を全うしてもらう必要がある」という考え方です。

この論理は契約上も正しいのですが、前例のないプロジェクトである「インターネットバンキングを刷新する」をゴールとする今回のケースで果たしてこの考え方が正しいのか、銀行内での自問自答がありました。しかも、ただインターネットバンキングを作るだけでなく、目標に内製化の実現も掲げています。であるならば、パートナーのＦＩＸＥＲへの丸投げや目先の利害関係にこだわっている場合ではなく、「本来のゴールに向かって銀行とＦＩＸＥＲが一緒に力を合わせてやるしかない」との結論に達しました。プロジェクトの仕切り直しを決断し、北國銀行のプロジェクト担当者全員がＦＩＸＥＲに出向することになったのです。

ＦＩＸＥＲの開発現場を経験すると、銀行とは全く異なる以下のような最先端の開発環境に驚かざるを得ませんでした。そして、出向した銀行メンバーは、嫌でも新しい世界で新しい働き方を実践する必要に迫られたのです。

・Slackを使ったフラットなコミュニケーション
・バランスボールやドレスコードなど自由な働き方
・さまざまな国籍や経歴、考え方を尊重する文化
・すべての会議室に設置されたモニターを使った先進的な会議

・アジャイルやDevOpsを取り入れた最先端の開発手法

最初の頃は、銀行の働き方とのギャップに困惑した部分も多々ありましたが、慣れてくると新しい環境が当たり前になり、これまで銀行でやってきたことへの疑問が生まれました。というのも、どう考えてもＦＩＸＥＲでの働き方のほうが効率的だと思えたからです。こうして、図らずも「新しいマインド」が出向メンバーに植え付けられていくことになりました。

共同プロジェクトで進めたインターネットバンキングは当初の予定から約1年遅れとなったものの、２０１９年９月、「北國クラウドバンキング」というサービス名で無事ローンチすることができました。

第2次Surface改革に着手　～「普通のパソコンで仕事したい」が鬱積～

本章（2）「２００３年からの方向転換」で触れた「第1次Surface改革」によって行内のクライアント環境は格段に使いやすくなり、リモートワークやペーパーレスなどワークスタイルの改革にも大きく寄与しました。しかし、インターネット接続を前提としたクラウドサービスの急速な普及により、２０１９年になるともはや十分な環境とはいえない状況となってきました。

次期IT基盤のリスク整理

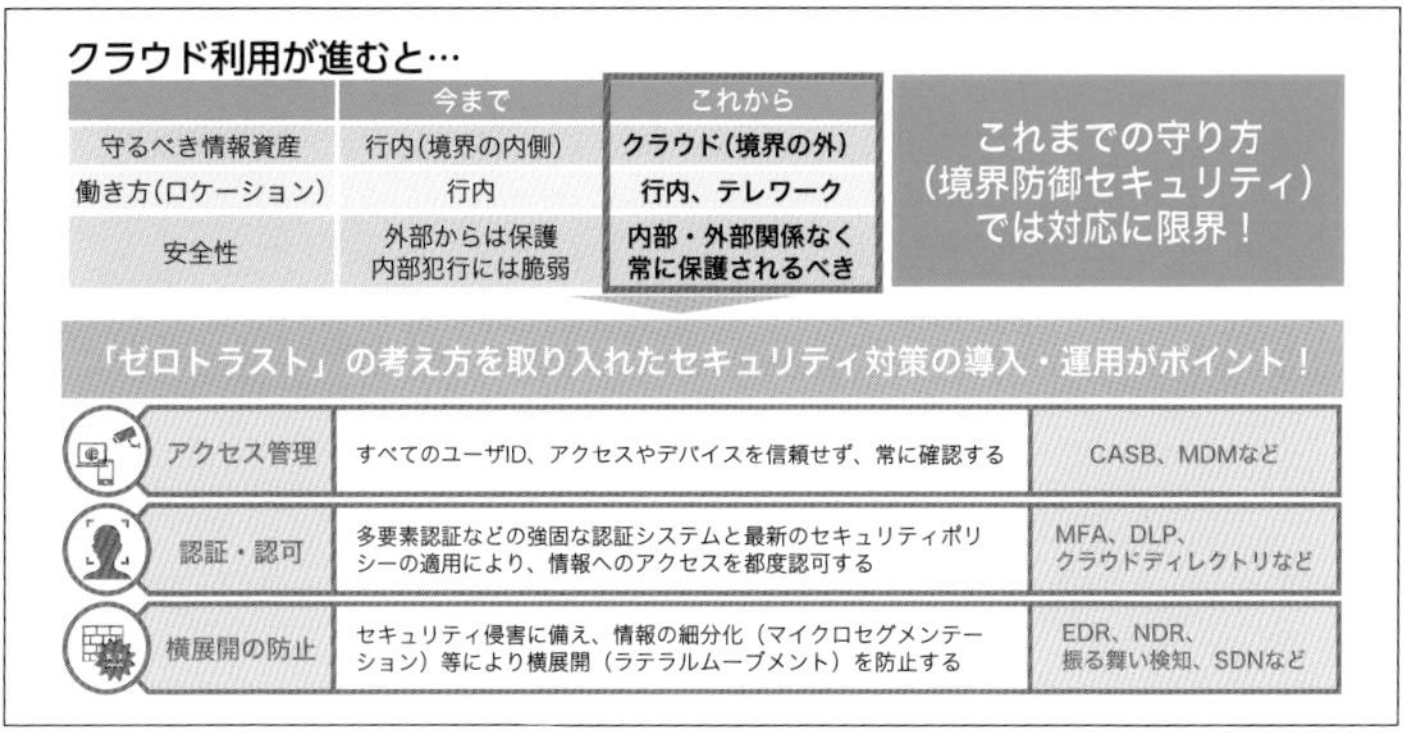
クラウド利用が進むと…
今まで
これから
守るべき情報資産
行内（境界の内側）
クラウド（境界の外）
働き方（ロケーション）
行内
行内、テレワーク
安全性
外部からは保護
内部犯行には脆弱
内部・外部関係なく
常に保護されるべき
これまでの守り方
（境界防御セキュリティ）
では対応に限界！
「ゼロトラスト」の考え方を取り入れたセキュリティ対策の導入・運用がポイント！
アクセス管理
すべてのユーザID、アクセスやデバイスを信頼せず、常に確認する
CASB、MDMなど
認証・認可
多要素認証などの強固な認証システムと最新のセキュリティポリシーの適用により、情報へのアクセスを都度認可する
MFA、DLP、
クラウドディレクトリなど
横展開の防止
セキュリティ侵害に備え、情報の細分化（マイクロセグメンテーション）等により横展開（ラテラルムーブメント）を防止する
EDR、NDR、
振る舞い検知、SDNなど

例えば、Google検索を使うのは当たり前であり、マイクロソフトはOffice 365を提供してインターネット上でオフィス製品が使えるようになりました。また、サービスや商品の説明で「YouTube」動画を利用したり、ZoomやTeamsを使ってリモート会議を行ったりすることも日常的となってきました。

第1次Surface改革で実現できたのは、シンクライアントを前提とした行内ネットワークの利用だけであり、クライアントパソコンから直接インターネットにアクセスすることはできませんでした。厳密には、シンクライアントから画面転送でインターネットサイトをブラウザで閲覧できても、そこに至るまでの手数が多すぎて使い勝手が悪かったり、ブラウザを閲覧できてもシンクライアントでYouTube動画を閲覧したり、Web会

議を行ったりすることが事実上、不可能でした。

例えば、当時のパソコンでインターネットを閲覧しようとすると、①Surfaceの電源をON、②Surfaceにログイン、③シンクライアントを起動、④ブラウザ閲覧用のシンクライアントにログイン――の手順を踏む必要がありました。ここまでで5分程度かかります。

その結果、何が起きたかというと、行員に1台ずつ配布されたSurfaceを使わずに自分のスマホでGoogle検索をし、YouTubeを閲覧するといったことが起こりました。グループウエアにインターネットのURLリンクが貼られていたとしても、それをクリックするだけではインターネットサイトに飛ぶことはできません。ブラウザ閲覧用のシンクライアントでURLを手打ちするといった無駄な操作をする必要がありました。

「これからの時代はクラウドだ！」といくら太鼓をたたいても、このクライアント環境では勝負になりません。いくらコンサルティングサービス推進のはっぱをかけても、お客様とWeb会議ひとつできません。これでは、ハイテク兵器が居並ぶ戦場に竹槍を抱えて飛び込むようなものです。

行員の間にも不満が鬱積していました。「自宅のパソコンでは自由にインターネットを使えるのに、なぜ職場のパソコンはこんなにセキュリティが厳しいのか」「銀行以外の企業はもっと自由にパソコンを使っているのに、なぜ銀行だけが厳しいのか」「普通のパソコンで仕事をしたい」などです。

これらを抜本的に解決するために、第1次Surface改革のときと同じくＮＥＣに声をかけました。「セキュリティレベルを『過度に』高くすべきとの強迫観念にとらわれる金融業界のＩＴ基盤に風穴を開けましょう」。北國銀行は、最新のテクノロジーを駆使すれば、利便性を保ちつつ最高レベルのセキュリティを担保できるＩＴ基盤を作れるはずだと信じていました。

セキュリティを高める実装で安全、快適に

もっとも、銀行のセキュリティが全く理由もなく厳しくなっているわけではありません。お客様の命の次に大切な個人情報やお金をお預かりする以上、万一でも情報漏洩やデータ改ざん、不正取引などが起きてはならないのです。

ＮＥＣと幾度となく協議をし、実現したいＩＴ基盤、つまりゴールを、①すぐに使えるクライアント環境、②インターネットにつながるクライアント環境——の2点に絞り込みました。

①は、電源を入れたらすぐに使えるシンプルなクライアント環境の提供です。従来のシンクライアントでは、起動してから使えるようになるまで5分程度かかり、訪問先のお客様の前では使い物になりません。せいぜい訪問後、支店に戻らなくても社有車の中からCRMの交渉履歴が打てるといった程度でした。

本来であれば、パソコン画面を見せながら商品説明すべきところを、印刷したチラシを持ち歩くといったジレンマも抱えていました。「すぐに起動して、すぐに画面を見せられる」。この当たり前のことを行員約2000人が使うクライアントで実現できれば、生産性が格段に上がることは容易に想像できました。

ところで、「インターネットにつながるクライアント環境」とは、シンクライアントを介さずローカルのパソコンから直接インターネットに接続できる環境を用意するというものです。これにより、起動後すぐにインターネットに接続でき、動画再生やWeb会議もスムーズにできるようになります。

また、グループウエアなどの社内システムに貼られているリンクをクリックすれば、シームレスにインターネットサイトを開くことも可能になります。Google検索も、自分のスマホではなくSurfaceからすぐに使うことができ、探したサイトの情報をグループウエアなどで社内に展開したり、お客様にメールなどでお知らせしたりすることも簡単にできるようになります。

実現に向けた最大のハードルは、やはりセキュリティでした。行内システムとインターネットをローカルパソコン上で同じ土俵で見られるようにするということは、行内の情報をインターネット上にアップロードしたり、インターネット上のウイルスファイルを行内に持ち込んだりできるという大きなリスクをもはらみます。このようなリスクをなくすために、ゼロトラストの考え方をベースにシステム設計を行いました。

そして２０２０年10月、「すぐに起動してすぐにインターネットに接続できる」という夢のような「普通のパソコン」環境がデビューしました。新型コロナウイルス感染症の流行もあって、予定した２０２０年4月には間に合いませんでしたが、あらかじめ準備を進めていたおかげで支障なく完了し、行員同士のコミュニケーションはもちろん、お客様やコラボレーション先のパートナーとのコミュニケーションもZoomやTeamsを使ってストレスなく行うことができています。

後述しますが、この新ＩＴ基盤を整備したことで、銀行のワークスタイルをさらに一段階レベルアップさせることができました。

アジャイル時代到来とデジタルバリューの設立

インターネットバンキングの刷新、HOXプロジェクトを通して北國銀行のシステム開発に対する考え方は大きく変わりました。単なる「品質重視」「スケジュール重視」「コスト重視」からの脱皮というより、品質とスケジュールとコストが「計画通り変わらないことを重視」する文化から、銀行にとって重要なシステム開発案件を「スピーディーに効率よく進める」という文化への転換といってよいでしょう。「約束を守る」でなく「お客様にとって、銀行にとって最も良いことを全力で進める」に価値を置くマインドが行内に醸成されたのです。

これを開発手法に置き換えれば、ウォーターフォール一辺倒からアジャイルへのシフトを意味します。誤解のないように付け加えると、すでに使う技術やプロセス、要件が決まっていて、期間や工数を正確に見積もることができる案件は従来通りウォーターフォールで進め、新しくチャレンジする要素が大きい案件はアジャイルで取り組むという柔軟なスタイルの確立で

アジャイル時代到来とデジタルバリューの設立

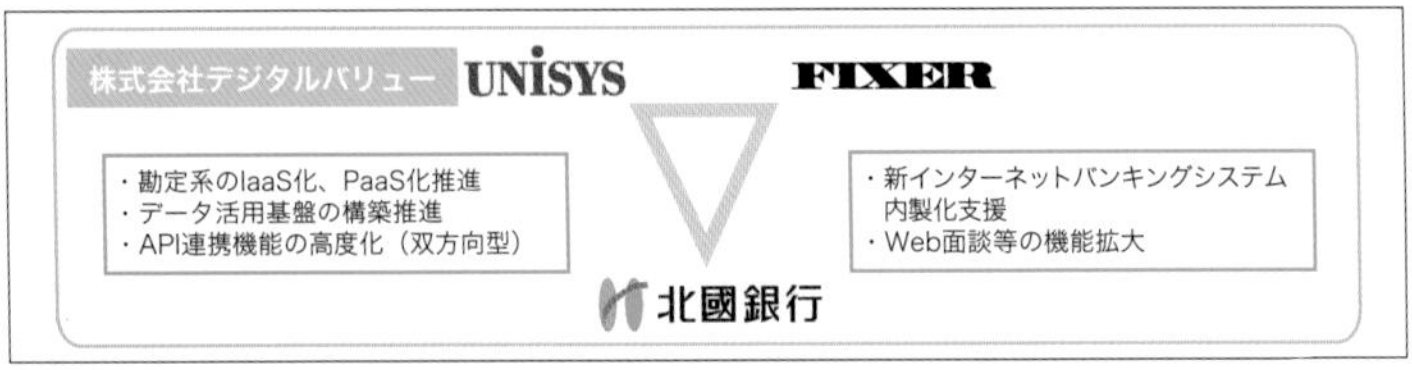

す。

先ほど紹介した北國クラウドバンキングの追加開発が、アジャイルを適用した第1号です。ＦＩＸＥＲと共同開発した北國クラウドバンキングのローンチ後、行内で追加開発を内製で進めていました。目的は、アプリケーションの内部品質（メンテナンス性）やインフラのコスト面で見つかった課題を解消するためです。

内部品質については、プログラミングコードの可読性が悪かったり、必要なログ出力ができていなかったり、逆に出力されすぎていたりする例が見られました。さらに、テストコードが未実装のためにテストの自動化ができず、ＣＩ（Continuous Integration：継続的インテグレーション）とＣＤ（Continuous Delivery：継続的デリバリー）が実現できていませんでした。

インフラに関しては、マイクロソフトのAzureを利用していましたが、コスト面での最適化があまり考慮できておらず、クラウドのメリットを生かし切れていませんでした。例えば、次のような考慮が足りていなかったのです。

・普段利用していないリソースは削除する、または電源を落としておく
・過剰なリソースはプラン（ＣＰＵやディスク容量など）を下げる
・コストの高いリソースは別の種類のリソースに変更する（例えば、アプリケー

デジタルバリューのWebサイト

ションサーバーでいえばService Fabricを Web Appsに変更する）

本来であれば、インフラリソースを柔軟に変更できる点がクラウドの大きなメリットといえます。しかし、ウォーターフォールに慣れ切った銀行の文化からすると、「一度作ったインフラをこまめに変更するなんて恐ろしいこと」という感覚が長く根付いていました。一方、北國クラウドバンキングの担当メンバーも、出向したＦＩＸＥＲでアジャイルの考え方を身に付けてきたものの、まだ独自で開発するためのノウハウも技術力も不足していました。

北國クラウドバンキングを今後、自前でしっかりと開発していくために「高度ＩＴ人材の採用」と「高度な知見を持つシステム

デジタルバリューの人事制度とワークスタイル

制度	目的
1．年俸制	年齢に依存しない実力に応じた評価の実現
2．裁量労働制	時間に縛られない自由な働き方の実現
3．副業可	さまざまな仕事を経験することで、新しい知見を獲得
4．リモートワーク可	通勤時間の削減や自由な働き方の実現
5．自由なドレスコード	自由な働き方と多様性の実現
6．インターネット環境での開発	リモートワークへの対応、クラウドソリューションの活用、将来的にオフショアの活用など
7．自己啓発支援（書籍などの購入や研修補助）	社員のモチベーションとスキルの向上

パートナーとのコラボレーション」を行う方針を決めました。しかし、北國銀行が拠点とする石川県でこの条件を満たす人材やシステムパートナーを見つけることは容易ではありませんでした。仮にいたとしても、銀行のような伝統的な職場環境に馴染むことは、おそらく難しいのではないかと思われました。

議論を重ねる中で、人材やＩＴ企業が集まる東京で全く新しいシステム会社を設立するとの方向性をまとめました。北國銀行のこの考え方に対して、日本ユニシス、ＦＩＸＥＲからも賛同をいただき、２０１９年11月、３社共同出資という形で「株式会社デジタルバリュー」を設立しました。デジタルバリューを設立して最初に取り組んだのが、銀行とは全く異なるワークスタイルの確立です。これまでの銀行のやり方や文化とは真逆の、むしろＩＴベンチャー企業のそれにできるだけ近い形でのワークスタイルを意識しました。

即戦力人材の確保に悪戦苦闘

次にエネルギーを注いだのが採用です。これまで北國銀行では、新卒採用を中心にキャリア採用も行っていましたが、求人票を見た方からの応募を待つという受け身の姿勢が主流でした。

しかし、高度ＩＴ人材を採用するためには、こちらから積極的にアプローチしないと無名のシステム会社には目も向けてくれません。出資者に北國銀行がいるといっても、北陸エリア以外では知らない方のほうが圧倒的です。そこで大手転職サイトに登録し、スカウトによるダイレクトリクルーティングを開始することにしました。

求人欄に、単に「銀行システムの開発」と書いたのでは、北國銀行が求めるようなＩＴ人材が応募してくれる可能性はほぼゼロです。このため、「北國銀行が最新のＩＴ技術を使って北陸地域のＤＸを進める」という志をアピールするとともに、「アジャイル（Scrum）によるチーム開発です」という開発手法、加えてクラウドや

DevOps、クリーンアーキテクチャの採用といった技術的な観点など、ＩＴ人材のキャリア形成につながる要素を求人票やスカウト文言にちりばめました。その効果が表れ、応募するエンジニアが少しずつ増えていったのです。

しかし、山を越えてもまた山で、今度は転職サイトに登録する方のスキルレベルがどの程度か、正確に「目利き」することの難しさに直面しました。そもそも、面談しても言葉で分かる部分と分からない部分があり、アジャイル、DevOps、クラウドのいずれも新しい知見が多く、応募者の過去の実績はあまり参考になりません。このため、採用には極めて慎重にならざるを得ませんでした。

例えば、大手システム会社で長くSIerとして活躍されてきた方は一見、高度ＩＴ人材に見えますが、アジャイルやクラウドといった新しい文化や開発環境になじめない可能性が高いと考えていました。さらに、そのような人材は希望する年収も高額になりがちであり、目利きに自信がない状態で安易に採用することにはためらいがありました。

このため、「経験は浅くても、新しいことにチャレンジしたいと考えるモチベーションの高い方」を中心にする方針に次第に傾いていきました。とはいえ、やる気があれば誰でもよいというわけではありません。北國銀行が現場で採用している最低限の開発技術やポテンシャルを備えた方でなければなりません。

例えば、フロントエンドでいえばＨＴＭＬやＣＳＳの知識、JavaScriptによるプログラミングスキルや「Vue.js」といったフレームワークの知識と経験、サーバーサイドでいえばＣ#によるプログラミングスキルや「.NET Core」といったフレームワークの知識と経験です。これらのスキルを正確に判定するためには、実際に目の前でプログラムを書いてもらうのが最良でしょうが、準備や評価などの手間暇を考えると、求人側、応募側双方にとって大きな負担となります。

そんな中、デジタルバリューの社員との会話の中で、「paiza」という転職サービスの存在を知りました。paizaは大手リクルートサービスと異なり、ＩＴエンジニアに特化した転職サイトで、エンジニアがＷｅｂ画面上で実際に書いたプログラムをpaizaが評価するサービスを提供しています。これならば、最低限のプログラミングスキルは担保されますし、求人側が目利きをする準備や評価のための手間も省くことができます。

実際、paizaでダイレクトスカウトを進めていくと、エンジニア特化型の転職サイトに「銀行」が載ることが珍しかったようで、興味本位も含めて応募が増えました。そして、狙い通りのエンジニアをスカウトすることができ、２０２１年２月現在、約17名がデジタルバリューに入社しています。

勘定系システムもクラウド化へ

インターネットバンキングのクラウド化に続いて、それ以前から日本ユニシスと継続協議してきた勘定系システムのクラウド化に取りかかりました。2015年、メインフレームの勘定系をオープン系に転換し大幅なコスト削減を実現していましたが、それが終着点ではなかったからです。

インターネットバンキングをはじめサブシステムが次々とクラウド化していく中にあっても、勘定系だけはなぜかオンプレミスでなければならないという固定観念が行員に、いや、世間一般的に植え付けられていたように思います。その背景には、「金融システムは1秒たりとも止まってはいけない」「情報漏洩などが100％あってはならない」「万一、そのようなインシデントが発生したらお客様に多大な迷惑をかけるし、マスコミにも報道される」などの恐怖感が常につきまとっていたのです。

その一方で、「本当にクラウドよりオンプレミスのほうが安全なのか」という疑問もありました。一般的に、システムはコストをかければかけるほど安全性は高まります。災害対策を考えれば分かりやすいのですが、1台のサーバーより2台のサーバー、2台のサーバーより3台のサーバー、1カ所のDCを使うより2カ所のDCを使ったほうが、安全性は確実に高くなるのです。

当然、コストも2倍、3倍に膨らんでいきます。それほどのコストをかけて、99.9%のサービスレベルを99.99%、あるいは99.999%と、ほとんど100%近くまで上げてきたのが、これまでのオンプレミスの勘定系の現状でした。しかも、ほぼすべての銀行がそれぞれにやるという無駄がまかり通ってきたのです。

今は少子高齢化、超低金利時代の真っただ中で、地銀経営を取り巻く環境は非常に厳しくなっており、費用対効果を無視してオンプレミスにこだわり続けることは許されません。勘定系ももはや「聖域」ではなく、ほかのシステムと同様にクラウド化を模索する必要があったからです。

クラウドとオンプレミスの安全性の比較に戻りますが、実はクラウドのほうが安全ではないかとの見方もあります。クラウドサービス、ここでは北國銀行が主に利用するMicrosoft Azureを想定して書きますが、Azureは全世界に50カ所以上のリージョンを持ち、各リージョン内でもサーバーやネットワークの冗長構成を確保しています。また、セキュリティに関しても専門チームが世界中の情報を収集しながら、インシデントが起きた際にスピーディーに対応できる体制を整えています。最先端の知見を持ったエンジニアが、インフラとセキュリティを運用しているのです。

オンプレミスで災害対策を行った場合、せいぜいDC2カ所程度に限られますし、セキュリティ確保も自社社員とシステム会社の顔見知りの社員で賄うレベルが精いっぱいではないでしょうか。もちろん、クラウドにしたとしてもIaaSやPaaSではユーザー側の責任範囲も残るため、100%クラウドベンダーの知見が生かされるというわけではありません。ですが、オンプレミスで頭のてっぺんから爪先まで面倒を見ることを考えると、大部分を専門家に任せられるクラウドの安心感はかなりのものだと思います。

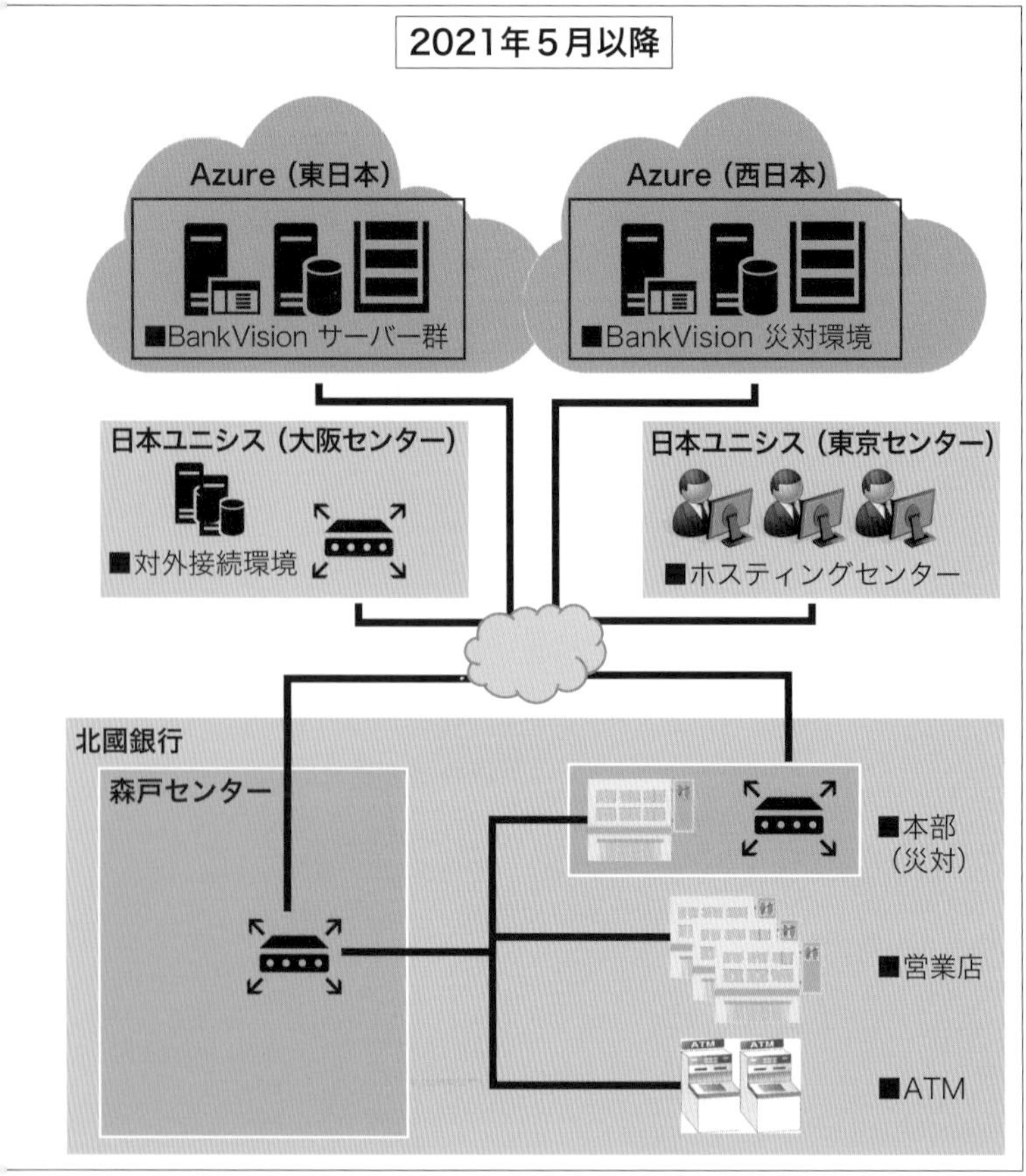
2021年5月以降
Azure（東日本）
■BankVision サーバー群
Azure（西日本）
■BankVision 災対環境
日本ユニシス（大阪センター）
■対外接続環境
日本ユニシス（東京センター）
■ホスティングセンター
北國銀行
森戸センター
■本部
（災対）
■営業店
■ATM

北國銀行勘定系システムの新旧構成図

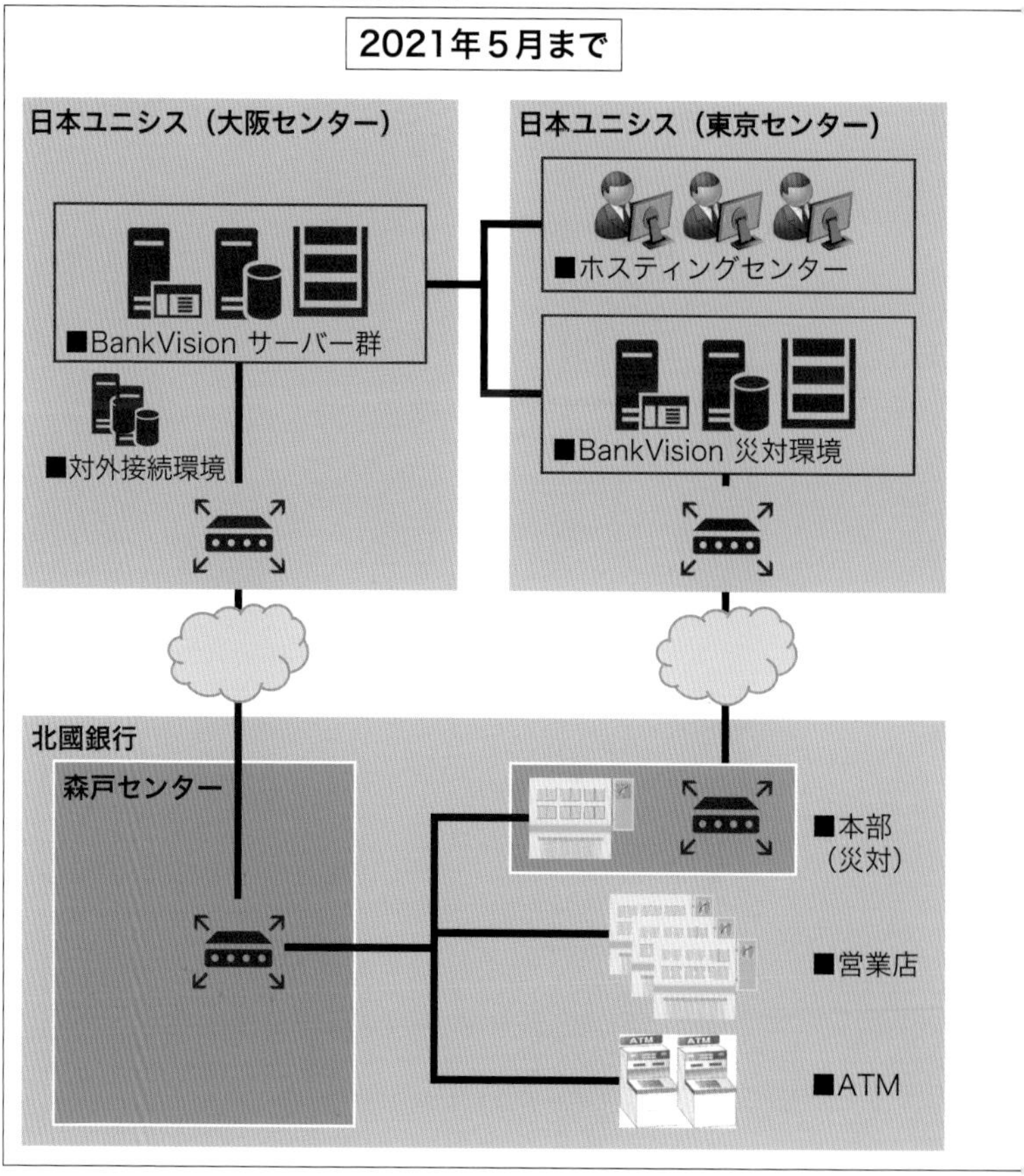

勘定系のモダナイゼーションを実現

２０１９年10月、このような考え方の下、日本ユニシスの勘定系システムであるBankVisionを引き続き採用しながら、インフラ基盤をMicrosoft Azureに載せ替えるという大プロジェクトが始まりました。せっかくクラウドに載せ替えるということで、本来ならＰａａＳをフル活用したシステム構成が望ましかったのですが、リスクや開発期間などを考慮していったんはＩａａＳベースで再構築するという方針を採りました。ＩａａＳなら「基本的にオンプレミスと変わらないから大したことはないだろう」と考える方もいらっしゃるかもしれませんが、やはりいろいろな課題が発生しました。

一番の課題は、クラウド事業者であるマイクロソフトが行うインフラ基盤のメンテナンスでした。メンテナンス反映のため、仮想マシンのフリーズや再起動がクラウド事業者であるマイクロソフト都合で不定期に行われます。取引を制御している勘定系システムのタイムアウト値よりフリーズや再起動の時間が長いと、取引はタイムアウトエラーとなってしまいます。検討当初は最大の課題でした。日本ユニシスと日本マイクロソフトだけでなく、米国マイクロソフト本社とも検討を行いました。結果としてメンテナンス時間は短縮され、タイムアウト値以内に収まりました。また、メンテナンスのタイミングをユーザーでコントロールできる専用環境（Azure Dedicated Host）も予定通りサービス提供されました。

そして、これらの課題を乗り越えて予定通り２０２１年５月にローンチを迎える見込みですが、勘定系のクラウド化はまだ終わりではありません。すでに触れた通り、本来のクラウド化とは開発スタイルやマインドを含めた勘定系システム全体のモダナイズにあると考えています。

例えば、今のBankVisionは開発言語がＣＯＢＯＬであるため、今後の開発要員の確保が課題となる可能性があったり、テストの自動化も実現できていないため、開発スピードの観点で課題が残ったりしています。コスト面やインフラの品質面でもＩａａＳよりＰａａＳのほうが望ましいため、ＰａａＳに適合したアプリケーションに作り替える必要があります。また、開発手法が完全ウォーターフォール型となっているため仕様変更に弱く、これからのビジネス環境の変化やスピードに対応できるシステム基盤および開発環境であるとはいえません。

北國銀行は勘定系のＩａａＳ化を２０２１年５月に完了し、矢継ぎ早に２０２４年までに勘定系のＰａａＳ化、いわゆる勘定系のモダナイゼーションを実現させたいと考えています。

xRMによるサブシステムの統合

・100を超えるサブシステムの内製化および統合し「システム償却」「システム更改」「保守・運用」などにかかるコストを大幅に削減
・戦略的開発への投資にシフト

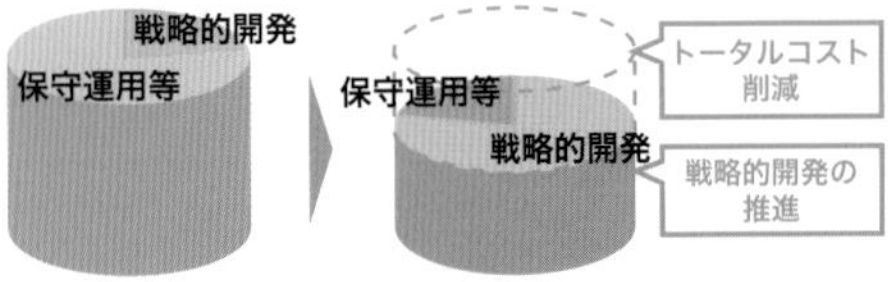

保守：開発＝8：2→2：8へ

サブシステムも内製開発の方向に

銀行のシステムは勘定系だけではありません。さまざまな業務を行うための「サブシステム」と呼ばれる周辺システムが多数存在しています。例えば、１９９０年代の金融ビッグバンによって銀行が保険や投信の窓口販売を行えるようになると、それぞれの業務をシステム上で可能にする「保険窓販用」「投信窓販用」サブシステムが導入されました。

また、業務効率化のためのサブシステムも積極的に導入されました。例えば、帳票をペーパーレスにするために電子帳票システムを導入したり、融資の際に担保となる不動産物件を効率的に評価するための不動産担保評価システムを導入したりといったものです。

どこの銀行でも同じような業務が行われているため、その用途に応じたサブシステムがパッケージとして世の中に存在していました。そもそも、銀行にはそのようなサブシステムを内製で開発するスキルはなく、パッケージとしてあるものを改めてスクラッチで開発する必要性はなかったのです。このため、複数のパッケージを機能面やコスト面で比較して選定し導入するのが、銀行の至極普通な対応だったと思います。

しかし、時を経て気づいてみると、サブシステムの数は優に１００を超えていました。規模の大小はありますが、「５年ＴＣＯ」で１システム５０００万円としても、１００システムで50億円に上ります。しかも、ほとんどのサブシステムはオンプレミスで稼働しており、５年ごとにシステム更改期を迎え、その都度連携しているシステムのカスタマイズやテストが発生します。

当然、そのためのコストや工数が必要になります。さらに、基本的に仕事の内容や進め方もパッケージに合わせる形になるため、業務を抜本的に変えようと思っても「カスタマイズに費用や時間がかかるためなかなか対応できない」という大きなデメリットがありました。「これを抜本的に解決する手段はないか」と行内で検討した結果、サブシステムの統合と内製化、通称「ｘＲＭ化」を進めようという結論に至ったのです。

「xRM化」経験が鍛えた組織力

xRMとは、マイクロソフトがDynamics 365(マイクロソフトが提供するビジネスアプリケーション)で提唱するコンセプトで、「Anything Relationship Management」の略です。これまでのCRM(Customer Relationship Management)のCustomer(顧客)だけではなく、Anything(何でも)連携して扱えるプラットフォームを作ろうという考え方です。

北國銀行はこのコンセプトを少し拡大解釈し、「できるだけ多くのサブシステムを統合し内製化することで、コストを抑え柔軟に業務を変えられるシステムを作る」という形に置き換えました。

まず、xRM化の対象として白羽の矢を立てたのがCRMシステムと融資支援システムです。両システムとも稼働からかなりの年月がたち、ソフトウエアの保守切れを迎えていました。CRMシステムはすでに触れた通り、2000年代にベンダーと共同開発したパッケージを使い続けていました。それを、今回のxRM化の流れを受けて、「北國銀行のあるべき働き方に合わせてシンプルにシステムを作り直そう」という旗印の下、作り替えました。また、以前からCRMと融資支援の情報が分断され使いづらいという意見もあったため、このタイミングで融資支援もx

RM化の対象にしました。

もうひとつ、長年利用してきたパッケージソフトウエアである不動産担保評価システムと住宅金融支援機構接続システムも、ｘＲＭ化の対象としました。こちらもＣＲＭなどと同様にソフトウエアの保守切れを迎えており、パッケージのコストが高額で自由が利かないという理由から、かなりのチャレンジではあったものの業務自体を大幅に見直し、シンプル化しながらたった半年で内製化することに成功しました。

振り返ると、このシステムは複雑怪奇であり、内製開発は難しいと危惧しました。にもかかわらずｘＲＭ化がうまくいった背景には、DevOpsとシンプル化の考え方が根底にあったからだと推測します。実際、パワーエッグの導入や勘定系のオープン化、インターネットバンキングのクラウド化などを経て、北國銀行の文化は劇的に変わりました。「全体最適」や「フラットな組織」「心理的安全性」「アジャイル的な考え方」などがかなり浸透し、関係者全員が同じベクトルに向かって仕事をするというマインドが醸成されていったように思います。

さらに、研修成果の手応えも感じています。ｘＲＭの関係者は全員、株式会社ビジネス・ブレークスルー（ＢＢＴ）と株式会社ＩＴプレナーズジャパン・アジアパシフィックのフェニックスプロジェクトDevOpsシミュレーション研修を受講しました。DevOpsとは、狭義にはソフトウエア開発手法のひとつの考え方だといわれますが、ここでいうDevOpsは組織間の垣根を取り払い、同じビジネスゴールに向かって、どのようなマインドで仕事に取り組むべきかといった点にフォーカスしたものです。

この研修では、メンバー全員が仮想企業の社員となりマインドを変えながら、ロールプレイング形式で課題をクリアするという体験をしました。こういったさまざまな取り組みによって組織力が相乗的に向上し、一見困難と思われる案件でもやり遂げるバックグラウンドになっていったのかもしれません。

クラウド化挑戦で誕生した新しい文化

インターネットバンキングのクラウド化を皮切りに、勘定系のクラウド化、第2次Surface改革、サブシステムのｘＲＭ化といったさまざまな案件を通して、北國銀行には「クラウドに合わせた働き方」が否応なしに浸透していきました。具体的には、インターネット上の情報を素早く検索して行内に展開したり、所属や役職に関係なくTeamsでフラットに会話したり、情報がフルオープンとなったことで誰でも興味のある情報にアクセスでき、それに対して誰でもコメントできるようになったりしました。

一部の上位者の狭い（場合によっては古い）考え方による経営から全行員による総力戦へと、北國銀行は今まさに生まれ変わろうとしています。最初はインターネットバンキングの刷新だけを目的としたクラウド化でしたが、システムを効率化する武器となるだけにとどまらず、組織全体がドラスティックな変化を遂げるきっかけとなったのです。

（5）2024年以降のシステムの全貌　〈地域エコシステムを支えるインフラの創造〉

BaaSと地域エコシステム

ここからは、北國銀行がどのようなことを目指してIT投資をしているのか、そして、今後どのような開発と投資を考えているのかを可能な限り紹介したいと思います。

まず、目的を一言で言うと「地域エコシステム」の構築です。地域エコシステム

北國銀行が考える地域連携エコシステム

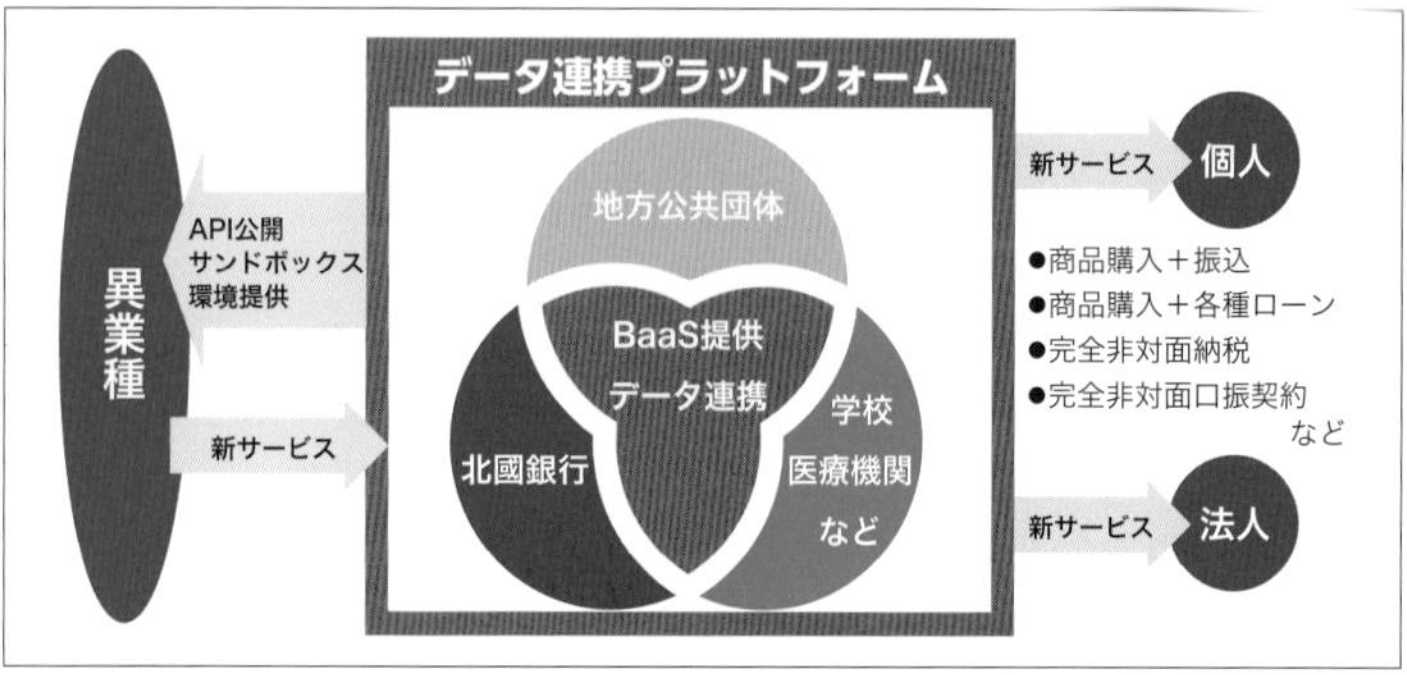

では、行内だけでなく地方公共団体や学校、医療機関ともデータを共有します。例えば、銀行で住所変更を行えば各団体のデータにもそれが反映されます。銀行で住民票や学生証、カルテなどの情報変更もでき、変更手続きをワンストップで済ますことが可能になります。

また、金融機能を提供することで、各団体のサービスを受けると自動的に銀行口座から料金が引き落とされる仕組みとなります。これは、ＢａａＳ機能の提供とデータ連携です。このように、異業種と積極的に連携することで、銀行単体ではできない新たなサービスをお客様に提供することを目指すものです。

勘定系システムのクラウド化（ＩａａＳ）

２０１５年１月、従来の勘定系から日本ユニシスの勘定系システムBankVisionに移行したのは前述の通りです。ここでは、２０２１年５月の稼働を予定する勘定系クラウドのシステム構成、セキュリティなどを中心に説明します。

クラウドメリットを最大限に享受するためには、ＰａａＳ形態での構築が理想ですが、今回はＩａａＳを採用しています。クラウドの一形態であるＩａａＳは「Infrastructure as a Service」の略で、サーバーやディスクなどのインフラをサービスとして提供する形態を指します。

ＤＣはAzure東日本リージョン（東京）を通常稼働用、バックアップ（災害対策用）はAzure西日本リージョン（大阪）です。現行のオンプレミス環境でも、もちろん厳格な管理を行っていますが、外部への接続がないためセキュリティ的には問題ないだろうという旧来の考え方に基づいているため、サーバーに対するセキュリティパッチは原則、未適用です。地域エコシステムを目指す上で外部への接続をなくすことはあり得ません。

クラウドになると原則、セキュリティパッチはクラウド事業者であるマイクロソフトの責任で最速で適用されます。マイクロソフトは、自社の責任範囲である「ネットワーク防御」「ＩＤ保護」「エンドポイント保護」「データ保護」などに年間

1100億円以上投資しています。北國銀行単独で、これほどのコストをかけることはできません。世界規模のメガクラウドならではのメリットといえます。

回線は現行同様、専用線で冗長化構成を組んでいます。各リージョンは10㎞以上離れた3個以上のDCで構築され、各DCで作成されるバックアップは異なるDCで保管されます。つまり、1リージョンで3重バックアップ、東西で6重バックアップの体制が取られています。DCが複数で構成されているので、災害対策も強化されています。システム構成にもよりますが、DCがひとつ被災しても災害対策用に切り替えずに済むかもしれません。以上のように、各観点でセキュリティは大幅に向上します。

では、アプリケーション面はどうでしょうか。今回のプロジェクトはIaaSベースなので、一部を除きソース修正やリコンパイルは不要です。このため、現在行っている内製開発は影響を受けません。オンプレミスと異なり、クラウド事業者であるマイクロソフトとユーザー側との責任範囲を正しく理解し、ユーザーの責任範囲内での対策をしっかり行うことが大事です。IaaSの場合、OSより上の層（ミドルソフトウエアや業務アプリケーションなど）がユーザーの責任範囲となります。北國銀行では、日本ユニシスの全面協力の下でしっかりとした対策を行っています。

最後にテストの観点ですが、一番重要なのはデータ移行に関するテストです。正しくデータが移行されるだけでなく、予定の時間内に異常処理を完了しなければなりません。銀行の全データを移行するわけですから、とても時間がかかります。移行が完了するまでＡＴＭなどのサービスを停止できればよいのですが、それは無理な話です。そのため、データ移行処理を「事前移行」「本移行」「事後移行」の三つに分け、サービス停止などの影響を極力抑えるようにしています。

もうひとつは、各システムとの接続切り替えテストです。銀行には勘定系システムだけでなく、多くのサブシステムがあります。それぞれが連携し合って金融機能を維持しています。例えば、他行に振込をする場合、勘定系システムにデータが登録され、そのデータが「全銀システム」に流れ、最終的に受取人の口座に入金となります。

全銀システムは当然、現行システムとつながっています。移行によりクラウド上の新システムにつなぎ替える必要があり、１００を超えるサブシステムの接続切り替えを行う必要が出てきます。また、お客様ともデータ交換を行っており、その部分も接続切り替えが必要です。データ移行と接続切り替えをどのような方針と手順

北國銀行のクラウドジャーニー

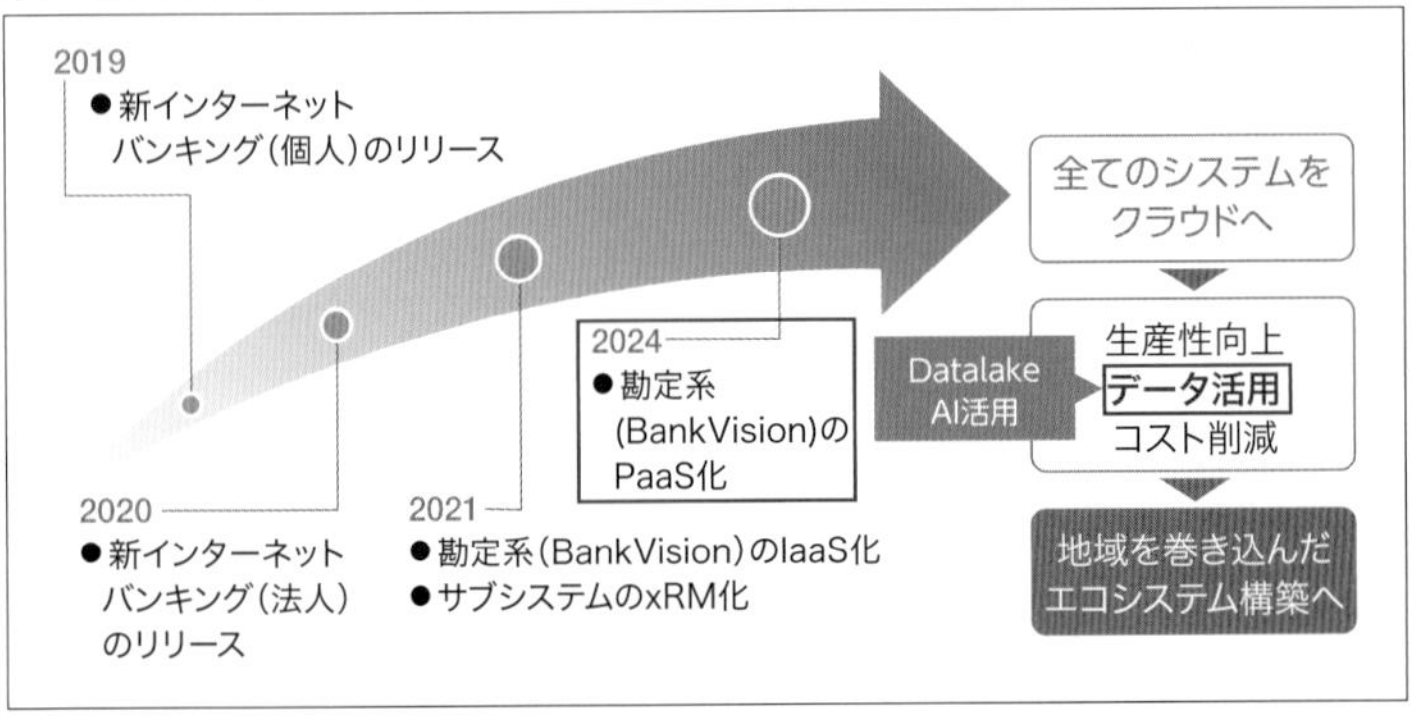

で実施するのかを決定し、その手順に従って問題なくデータ移行と接続切り替えが実施できるかどうかをテストで確認しています。

勘定系システムのクラウド化（ＰａａＳ導入・クラウドネイティブ化）

　ＩａａＳ化のプロジェクトは進捗中ですが、それも最終目標ではありません。最終目標はＰａａＳ導入などによる一層のクラウドネイティブ化です。

　クラウドの一形態であるＰａａＳは「Platform as a Service」の略で、ＯＳやデータベースなどの基盤をサービスとして提供する形態を指します。この形態だとＯＳがクラウド事業者の責任範囲になり、一例を挙げれば「Windows OSのサポート切れ」という概念がなくなります。

Windows OS更改ひとつ取っても、大きな工数にかかるコストと手間から未来永劫、解放されるのです。データベースのバージョンアップからも解放されます。これも、オンプレミスにはない概念です。システムコストも一般的に大幅にダウンします。

北國銀行では、ＩａａＳ化の完了を待たず、日本ユニシスとＰａａＳ導入の検討をしています。方針は、「短期間で享受できる効果から順次取り入れていく」です。これは、あるべき論に走ってゴールをはるか先に設定し、まだ確立されていないテクノロジーまで検討するという無駄を排除するためです。なぜなら、テクノロジーの進歩は我々が考えるより早く、たった数年先を予想することさえ非常に難しいからです。今ある技術を早く導入することに集中すべきであり、お客様への価値提供という観点でもスピードが命といえます。

いろいろ検討する中から、いくつかポイントを記載したいと思います。ひとつ目はオートスケールの有効活用です。銀行業務において利息決算処理などでは多くのマシンパワーが必要になります。すべてのお客様の利息を計算するため、処理時間も長くかかります。クラウドでは、そのような長時間処理を実施するときだけマシンパワー（ＣＰＵやメモリなど）を増強したり、仮想マシンの台数を増やしたりすることが可能です。

まさに、必要なときに必要な分だけです。このおかげで、今まで数時間かかっていた処理を数十分で完了することが可能になります。しかも、クラウドなのでピークに合わせてマシンパワー（資源）を準備しなくてもよく、コストパフォーマンスも非常に高いといえます。

ふたつ目は「テスト自動化」です。システム開発に占めるテストの割合は高く、この部分の生産性が上がると非常に効率的です。特に、ＳＥを悩ますのが無影響確認テストでしょう。プログラムソースの修正部分をテストするだけではなく、それ以外の部分にも影響を与えていないかをチェックするのが無影響確認テストです。この無影響確認テストをどの範囲まで行うべきか、ＳＥはいつも悩みます。開発規模に比例して、無影響確認テストの範囲も増えます。この部分が自動化できれば開発効率が各段に上がります。

Ｗｅｂ系の開発をされている方は「そんなこと当たり前だろう」と思われるでしょう。なぜなら、ブラウザやスマホで稼働するアプリケーションにはさまざまな自動化ツールが準備されているからです。片や金融機関の勘定系システムの分野は自動化と呼ぶにはほど遠く、手動で行ったほうが生産性が高いのが実情です。今後、北國銀行では無影響確認テストの自動化ツールを充実させ、無影響確認テストはツール実行だけで済ませたいと考えています。

ローコードプラットフォームで開発生産性を向上

三つ目は開発環境の多面化です。これは開発環境が常時ふたつあるとか、三つあるとかという意味ではなく、クラウドのメリットを生かし必要なときに必要な数だけテスト環境を構築し使用することで、開発生産性を飛躍的に上げることを目的としています。

今でも多くの金融機関SEはテスト環境の調整に時間を費やしているのではないでしょうか。共同化を行っている金融機関は、もっと苦労されていることと思います。北國銀行では、必要なときに必要な人にテスト環境を準備したいと思っています。究極は〝一人一環境〟の実現です。

四つ目はリライトとローコードプラットフォームの導入です。勘定系システムのBankVisionはCOBOLでコーディングされています。「2025年の崖」でも話題になっている「レガシーシステム＝COBOL」のイメージがあります。COBOLは誕生からすでに60年を迎え、いわゆる「枯れた言語」といわれてバグの出尽くした言語です。半面、進化は止まっていて生産性の高い開発ツールが発表されることはありません。

もっとも、勘定系システムのすべてのプログラムを、ＣＯＢＯＬからＣ＃などのＷｅｂ系の言語にリライトするのは無理があります。普通預金などの入金情報を記録する日計更新処理は、今後も機能が追加改修されることはほとんどないので、そのような分野はＣＯＢＯＬで塩漬けにしても問題は生じません。

しかし、頻繁に更新がかかる戦略分野（外部接続や営業支援系機能）ではリライトを検討しています。頻繁な機能改修が予想されるからです。リライトするとＷｅｂ系の生産性の高いツールが使えます。先ほど記載した自動テスト系のツールや自動本番反映が可能となります。

また、導入を検討するローコードプラットフォームですが、ローコード（ＬｏｗＣｏｄｅ）は最低限のコーディング作業で済み、必要なパーツ（Ｃｏｄｅ）をマウス操作などの簡単な操作で組み合わせてプログラムを完成させることができます。導入で期待される効果は「低コストな開発」「スピーディーな開発」「ミスが少なく均一品質な開発」です。

高度なプログラミングスキルも必要でなくなります。このため、開発要員の確保

API連携イメージ

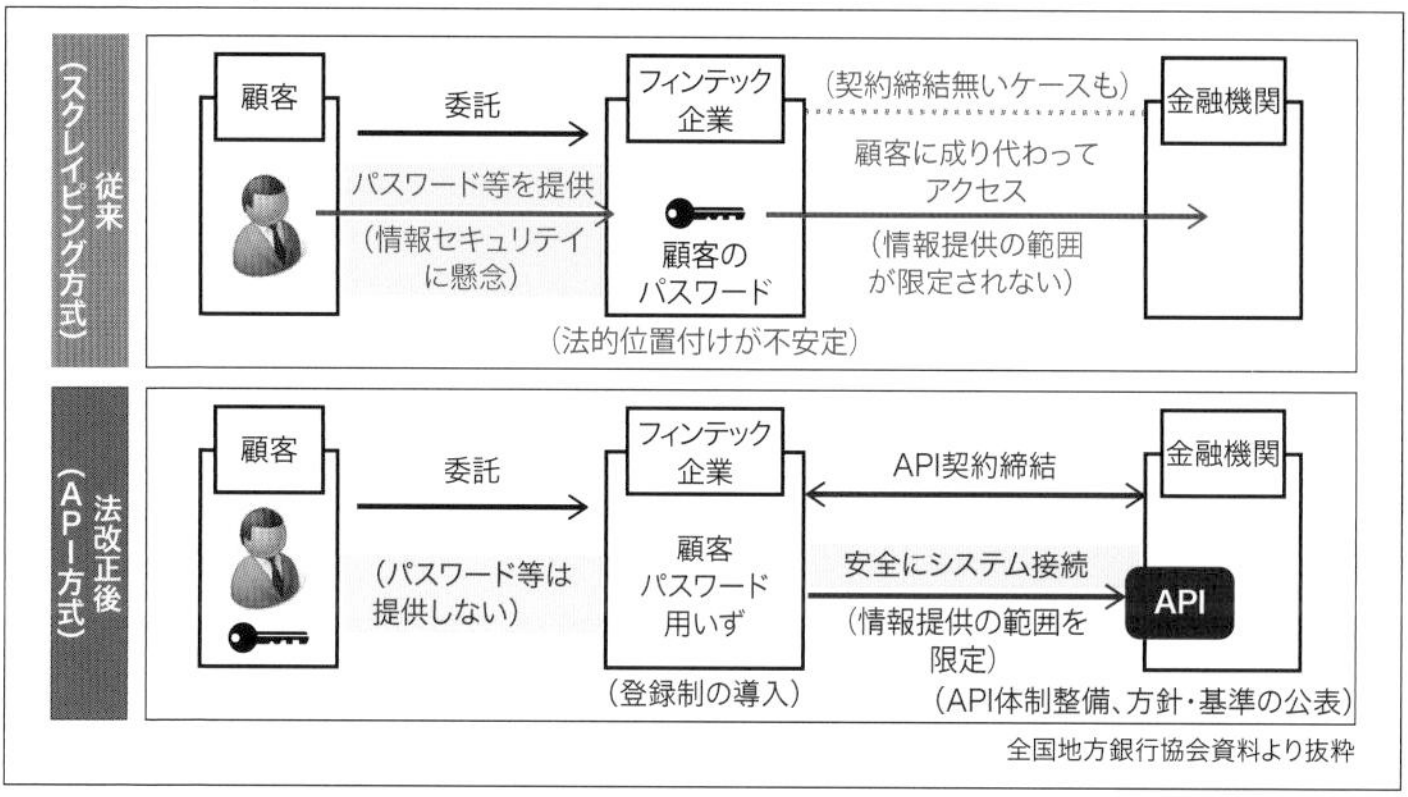

全国地方銀行協会資料より抜粋

も容易になるでしょう。レガシー部分は塩漬けにし、追加機能はローコードプラットフォームを利用して開発していくイメージです。今までは勘定系システム中心に紹介してきましたが、ほかの観点でも紹介しましょう。

お客様サービス向上へＡＰＩ連携を推進

ＡＰＩとは「Application Programming Interface」を略したＩＴ用語で、ソフトウエアがお互いに利用するインタフェースの仕様のことです。北國銀行でもほかの金融機関と同様、どのようにアプリケーションを使用すればよいか仕様を公開しています。

今までは金融機関がＡＰＩを公開していなかったため、マネーフォワードやマネーツリーなどのＰＦＭ（Personal Financial Management）

業者は、ユーザーからインターネットバンキングのユーザーIDとパスワードを預かり、ユーザーに代わってインターネットバンキングにアクセスして銀行口座の残高などをツール上に表示していました。いわゆるスクレイピングで、セキュリティの観点からは望ましくない接続形態です。

これがAPI連携になると、ユーザーはPFM業者にインターネットバンキングのユーザーIDとパスワードを預ける必要がなくなります。銀行がAPIをPFM業者に公開し、PFM業者は仕様に従って銀行のアプリケーションを呼び出し、ユーザー自らパスワードを入力して認証を受け、PFM業者に情報が連携されることになります。金融機関や取引内容によって違いはありますが、一度認証すると定められた有効期間内は再認証が不要です。

国内のAPI連携事例で最も多いのは、「参照系」と呼ばれる残高照会です。PFM業者がツール上に各金融機関の残高を表示しています。「参照系」に対して「更新系」という取引もあります。こちらは「参照系」と比較して、実施する銀行数はまだごく少数です。内容は「○○Pay」に銀行口座からチャージすることがほとんどです。どちらの方式も、「新たな価値観の創出」と胸を張るにはほど遠く、情報(残高と取引明細)と資金が銀行から一方通行で流出しているだけのような気がします。

北國銀行でも企画段階というよりまだまだ夢の段階ですが、ＡＰＩ連携を次のように想定しています。

「参照系」は情報の一方通行ではなく、双方向の連携を進めるツールとして活用します。例えば、北國銀行から証券会社が公開するＡＰＩを呼び出し、営業店端末に北國銀行以外の残高も表示することで、お客様への総合的なコンサルティングの提供を可能にします。

現在、基本的には銀行がＰＦＭ業者をはじめとするフィンテック企業にＡＰＩを公開しているだけですが、極論として銀行同士でＡＰＩを公開し互いの情報が共有できるようになれば、お客様は相談時にいちいち他行に預けている資産状況を申告する必要がなくなります。お客様も、銀行に同じ情報を開示することを許可し、一番良い提案をしてくれた銀行と取引できるメリットが生まれます。

「更新系」は、例えば自動車ディーラーのホームページからお客様が購入したい車を選び、支払い方法として「マイカーローン」を選んでもらいます。そうすると、銀行と連携したＡＰＩにより自動審査が行われ、融資の可否と貸出金利や決済金額が瞬時に表示されます。表示された条件で問題なければ、その場で電子契約手続きを行います。

Ｗｅｂ上に契約書が表示され、電子サインや本人確認（eKYC：electronic Know Your Customer）を行い電子契約が成立します。契約内容とタイムスタンプが認証機関に記録されます。そうすると、自動的に自動車ディーラーに振込処理が行われ、差額がある場合は購入者の口座に残りの金額が入金となります。すべてが「全自動」「非対面」で完結します。

単なるチャージではなく、このようなＡＰＩ連携を行ってこそ「新たな価値創出」と言えるのではないでしょうか。日本国内でこのような連携はおそらく行われていませんが、世界ではいくつか事例が出始めています。最近、シリコンバレーで聞いた話ですが、最新のテクノロジーはシリコンバレーで生まれ、ヨーロッパやシンガポールに渡り、日本に来るのは最後になるそうです。ＩＴの世界で後進国になりつつある日本に、寂しさと危機感を覚えます。

夢の実現のため、北國銀行ではＡＰＩ公開のほかにサンドボックス環境の提供を検討しています。フィンテック企業がＡＰＩを自由にテストできる環境を提供します。「融資実行」「自動審査」「振込」などの各機能を自由に組み合わせ、新たなサービスを創成できればと思っています。

北國銀行が描くATM内製化イメージ

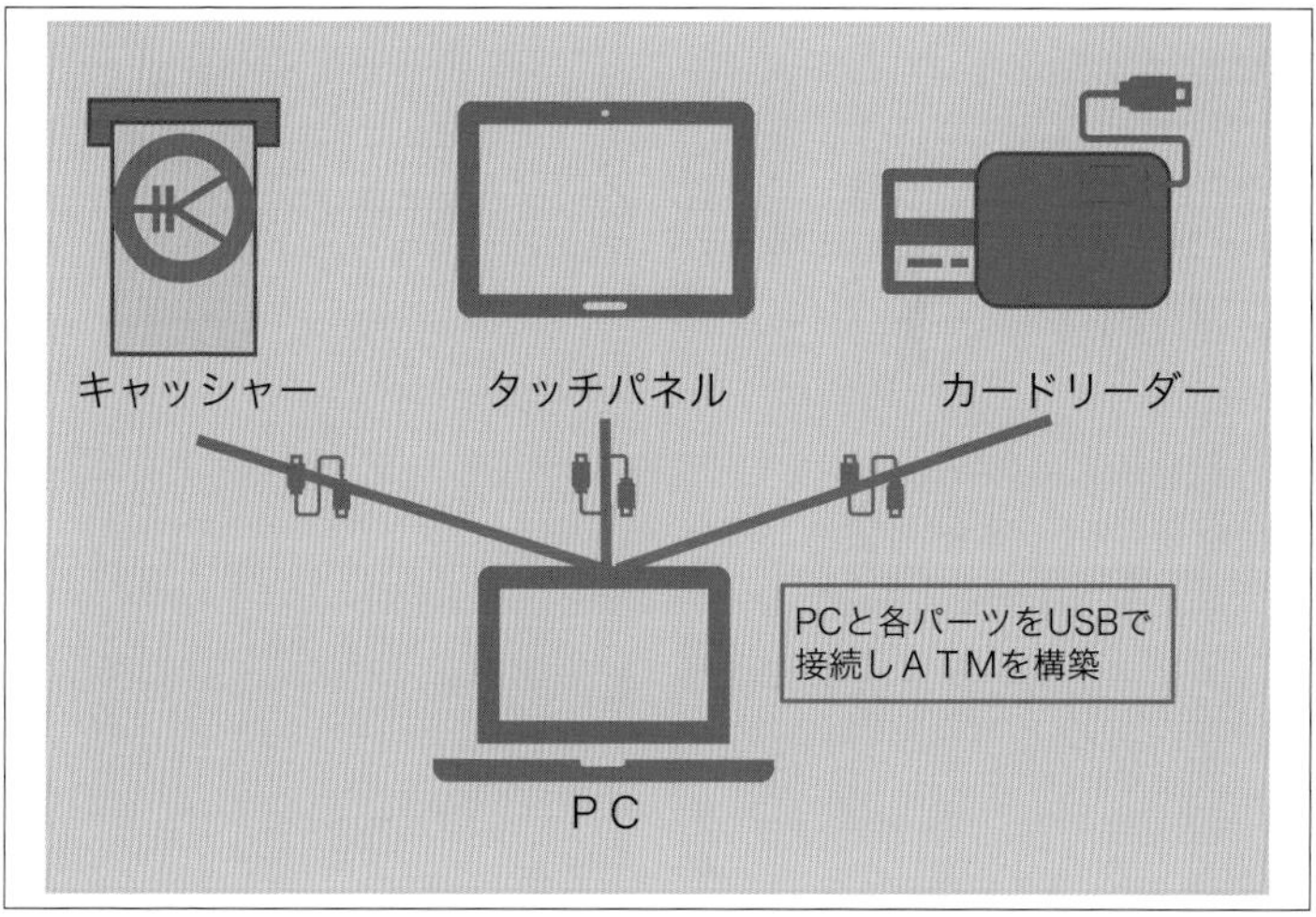

次世代店舗の戦略も着々と

今後、キャッシュレスとインターネットバンキングなどの非対面チャネルの充実が進めば、来店客数はますます減少していくでしょう。店舗の性格も事務拠点ではなく、コンサルティング拠点の意味合いが強くなります。そのため、各店舗のレイアウトも全店画一ではなく、来店客数や客層などを考慮したフレックスさがなければなりません。ＡＴＭやオープン出納などの事務機器が、店舗レイアウトの障害になってはいけないのです。

究極は、完全無人店舗かもしれません。「相談窓口は本部と接続したＷｅｂ会議で対応」「事務処理はセルフ端末を顧客が利用する」。そういう店舗が現れる日も、そう遠い将来でないかもしれません。そのために北國銀行が考えていることを紹介します。

ひとつ目は、すでにニュースリリースも行ったATMの内製化です。ATMの機器サイズは銀行に多く設置される標準型と、コンビニに多く設置されるスリム型の2種類ぐらいです。国内数社ベンダーの独占市場といってもよく、価格も高止まり状態となっているようです。

このATMも、技術の進歩でいろいろなデバイスをUSBでPCに接続でき、制御が可能になりました。キャッシャーとICカードリーダーをUSBでPCに接続することで実現できると思っています。

北國銀行規模の銀行では約400台のATMを設置しています。更改となると十数億円規模のプロジェクトになります。もちろん、ベンダーに払う保守料というランニングコストも継続的にかかります。内製化によるコストメリットは計り知れないと思います。

店舗レイアウトという意味では、現金取引の少ない店では小型のキャッシャーで、多い店では大型のキャッシャーでATMを組み上げることで、店舗属性に最適なATMを提供することが可能になります。ATM内製化は2021年7月、Po

Cができるように検討中です。

ふたつ目は大口入金機です。お客様はスマホに表示されるQRコードや専用カードを用いてオンライン入金ができるようになります。もう夜間金庫に現金を運んで投函する手間もリスクもなくなるのです。三つ目はセルフ端末で、これはスーパーのセルフレジのイメージです。有人の窓口に並ばなくても、セルフオペレーションですべての取引が可能になります。いずれも、適切なデバイスをPCから制御することで内製化を目指しています。

第3章 システム部門から見た過去からの教訓

（1）システム部門の地位向上

下請業者も同然の悲哀をなめる

今は営業や事務など何をするにもシステムが欠かせません。「銀行内の地位」という言い方は適切ではないかもしれませんが、昔と比べてシステム部の銀行内での地位は格段に上がっていると感じます。もちろん、銀行全体が一部の部門だけを優遇するという封建的な考え方から脱却し、フラット化やチーム力を重視する近代的な考え方に進化したことも原因のひとつでしょう。

昔は企画や営業担当部署が出世コースで、システム部署は出世を望めるような部署ではありませんでした。「営業活動で成果が挙げられないから」や「お客様と話すことができないから」が、システム担当部署に配属される行員のイメージでした。ある行員が支店勤務の後、システム担当部署に異動したところ、同期から「お客様とけんかしたのか」「上司に反抗的な態度を取ったのか」などと心配され、当の本人もショックを受けたと聞きます。

そして、実際にシステム担当部署に異動して仕事をしてみると、同僚の行員は若手を除いて、やはりイメージ通りの人材が多かったそうです。それは、人事政策でシステム部署を冷遇してきた自然な帰結ともいえます。その結果、システム開発を自力で行うスキルやノウハウもなく、すべて協力会社に任せていました。そんな北國銀行のシステム部署がどのように変わっていったかをご理解いただくため、恥ずかしながらシステム部の裏面史から紹介していきます。

当時のシステム担当部署を一言で表現すると、「下請部署」という言葉がぴったりでした。システム開発を企画する業務部署は「システムは動いて当たり前」で、自分の開発案件を通すことだけを考えていました。そこに全体最適などを考慮する回路はなく、システム開発を依頼する際の要求定義書には、「○○対応」の1行しか書かれていないのが普通でした。多く記載されているものでも数行程度。つまり、システム担当部署に丸投げしていたのです。

銀行内の地位が低いシステム担当部署には、それに異議を挟んだり意見を言ったりすることさえ憚られる雰囲気がありました。このため、要求定義書のわずかな文字から画面や帳票のデザイン、事務フローなどを考え、業務部署の確認をもらってからコーディング作業やテストをしていました。

しかし、相互理解のないままシステム開発を行っているので、当然のことながら要求に合ったシステムを作ることができません。手戻りが何度も発生する非効率な状態が、日常の光景となっていました。「なぜ、できないのか」と一方的に業務部署に責められる、下請業者も同然の悲哀をなめていたのです。

総合企画部が悪しき習慣の刷新へ動く

システムの重要性にいち早く気付いたのは、行内を統括して全体最適を行う総合企画部の一部の行員でした。彼らは下請業者化したシステム担当部署を立て直すため、システム部を作ってシステムの重要性を行内に周知する作戦を立てました。まず、開発のアウトソーシングを解消するとともに、システム担当者約25名を総合企画部に所属させ、下請根性をたたき直して行内での地位を確立し、システム部として独立させるというものです。

幸い、システム担当者は開発アウトソーシングを通じて、システムベンダー基準のしっかりした開発プロセスや管理方法を身に付けていました。ただ、自前開発を行うレベルに達するには決定的に不足していることがありました。案件採択プロセスと役員が参加した稼働判定です。

開発アウトソーシング時代は、依頼された開発を定められたプロセスで開発し、品質の高い成果物を納品することが求められていました。開発案件の重要度はそもそもスコープ外であり、それは案件発注を行う銀行本体で決定すべき問題です。

第2章でも紹介しましたが、声の大きい部署や人の案件が優先される悪しき習慣を刷新する必要がありました。それまでは、システム開発依頼の窓口が決まっておらず、各部署から担当業務で分けられたチームに開発依頼が行われ、チームリーダー（課長代理クラス）が仕事を請け負っていました。開発案件の優先順位の判断はすべてチームリーダー任せで、判断するための統一基準も存在しませんでした。

システムの重要性を行内に周知徹底

では、どのように変えたかというと、システム担当部署の行員を開発案件受付の窓口にすることをやめ、総合企画部に所属する行員2名を「システム企画チーム」として任命しました。行内で発言力のある優秀な総合企画部の行員を窓口に据えることで、声の大きい部署や人の影響を排除したのです。

そして、開発案件の募集を年2回行い、総合企画部担当の役員が採択するプロセスを取り決めました。さらに、各案件の優先順位に基づいて積み上げ作業を行い、積み上げのできない案件は依頼部署に差し戻して断るルールを定めました。

　この一連の流れにシステム担当者も参加させ、プロセスの周知だけでなく、行内における認知度を上げていきました。また、案件稼働前に依頼部署の担当役員が参加し、開発案件の状況を確認した上で本番稼働を承認する稼働判定会議の開催も決めました。どれも当たり前のことばかりですが、下請的な立場だったシステム担当者が推進するには、大変荷が重い業務だったと思います。

　しかし、総合企画部の行員が前

2000年当時の北國銀行のシステム担当部署の業務風景

面に立ってシステムの重要性としっかりとしたプロセスが必要であることを発信することで、行内の理解が得られたと思います。それをせず、いきなりシステム部を作って同様の改革を行っていたら、おそらくうまくいかなかったでしょう。システム担当者は総合企画部に所属する間、プロセス変更に関わることで下請マインドを払拭し、重要な仕事を担当しているという誇りと行内での影響力を徐々に身に付けていきました。

その後、2007年にシステム部ができ、総合企画部から独立することになります。総合企画部長がシステム部長を兼任することで、システム部の重要性が行内に浸透しました。システム部になってからは、業務部署との情報交換を積極的に行いました。それまでは年2回の開発案件採択会議で案件内容に初めて触れましたが、早く把握するために提案の多い営業部門と事務部門とは週1回、1時間ずつの定例ミーティングを開き、企画段階からシステム部が積極的に関与していくようにしたのです。

業務部署としても事前に案件内容を相談し、概算工数だけでなく技術的な実現性の確認もできるメリットがあります。システム部門と業務部門がシステム開発の両輪となってうまく回り始めたことで、開発の生産性や品質も自ずと上がりました。

結果、業務部門の満足度が上がり、案件についてより早めに相談してくれるように変わりました。ここまで到達して、やっとシステム部の行内ステータスが確立したと思います。

システム部のロケーションは大事

システム部が立ち上がって順調に機能し始めましたが、システム部の所帯は業務部署が勤務する本部からは離れた事務センターと同じ場所にありました。このため、本部へ出向くかテレビ会議かで案件の相談を行っていました。本部の場合、電話で会議のアポを入れてからタクシーで移動し、打ち合わせをするので、その手間と往復の移動時間が大きな負担となっていました。

２０１４年11月、手狭になった本部・本店がＪＲ金沢駅金沢港口に新築移転したのを機に、システム部もそこへ引っ越しました。たかがロケーションと思われるかもしれませんが、業務部門と同じ場所で仕事ができる環境となって生産性は一気に上がりました。

本店ビルの７階から10階に、すべての本部部門が入っています。ほとんどすべての部署が企画部署であり、当然、システム開発案件に関わってきます。ちょっと相

他の本部企画部署と同じロケーションで仕事をする現在の北國銀行システム部の風景

談がしたい場合、電話をかけなくても階段を降りればすぐに相談ができます。その効果を定量的に計ることは難しいですが、感覚的には生産性が2割はアップしています。

やはり、システム部は本部企画部署の近くにあるべきだと実感しています。それは、開発生産性の視点だけでなく、システム障害時の顧客対応などでも効果を発揮するからです。このようにロケーションの持つ意味は、地味に見えてとても大事なのです。

システム職を積極的に採用

近年、構造不況業種といわれる地方銀行では、ほとんどの金融機関で採用人数を減らし、人件費を抑える方針を打ち出しています。北國銀行も、新入行員の採用が減っており、本部の各部署でも一部の例外を除いて減員となっています。その例外のひとつがシステム部であり、もうひとつがコンサルティング部です。

新入行員の採用にあたって、北國銀行では営業職（営業店などに配属される行員）のほかに、システム職（システム部に配属になる行員）の採用枠を設定しています。システム部採用枠のリクルーティングは人事部門でなく、システム部の行員が中心に行います。面接試験では人事部門にも協力を仰ぎます。

優秀な学生を採用するため地元の金沢工業大学（以下、ＫＩＴ）に依頼し、毎年2～3名の学生を推薦してもらっています。もう7年間続いており、その1期生は今やシステム部でなくてはならない役割を担うエンジニアに成長しています。

若手のシステム職を安定して採用できるおかげで、課題だった部員の高齢化問題も解消しています。システム職として採用した行員は基本的に定期的な異動はなく、システム部でプロフェッショナルを目指して経験を積みます。ただし、本人に異動の希望がある場合は、その限りではありません。実際、システム部からＩＣＴ

システム職向け採用セミナーを実施

コンサルティングを行う部門に異動し、活躍が認められて管理職になっている仲間もいます。

新卒と共に、中途採用にも力を入れています。paizaなどのＩＴ業界専門の転職サイトを利用し、即戦力が期待できるＳＥを積極的に採用しています。paizaはＳＥのコーディング能力などが可視化されており、中途採用にとても有効なサイトです。新入行員を育成することはとても重要ですが、違う会社の文化や考え方に触れてきた即戦力のＳＥを中途採用で迎え、良い点を吸収することで、行内の組織力は経験上から言っても間違いなく上がります。

２０１９年、北國銀行はシステム子

会社デジタルバリューを設立しました。同社は、銀行では難しい働き方も取り入れています。それは「完全リモートでの就業」「裁量労働制」「年俸契約」などで、銀行の枠には収まらない優秀なSEの受け皿になっています。

システム職用のインターンシップも活発に行っています。システム部の若手行員が企画し、司会や応募してきた学生のヘルプなども行います。最初の頃はシステム開発体験（要件定義）でしたが、最近は行員のスキルも上がってクラウドAI機能体験やアジャイルマインドなどを実施しています。営業職用、システム職用両方のインターンシップを受ける学生も増えてきており、システム職への関心の高まりに手応えを感じています。

最後に、2019年に実施したアイデアソン&ハッカソンイベントを紹介します。これはKITと日本マイクロソフトと北國銀行のコラボ企画で、「マイクロソフトが提供するクラウドAI機能を利用して新しい金融サービスを設計しよう」をテーマに、2日間にわたって実施しました。

イベントには北國銀行の若手行員も参加し、行員1人に学生数名のチームを作りアイデアを出し合いました。スキルの高い学生がいるチームは、コーディングまでやり切っていました。参加した行員はKITから入行したOBという親近感もあ

金沢工業大学とのアイデアソンの様子

り、ＫＩＴ、日本マイクロソフトの全面的な協力で非常に盛り上がりました。継続開催を予定していましたが、２０２０年は新型コロナウイルス感染症の影響で残念ながら実施できませんでした。

システム職の人材育成に注力

システム職の積極的な採用と並行して、入行後の人材育成やフォローアップが非常に重要であり、これも力を入れて取り組んでいる点です。

システム会社であれば、システム開発が本業となるため当然、それに特化した研修ロードマップや研修メニューを用意しています。大手の場合、半年から1年程度かけて初歩からエンジニアとしてのイロハをみっちりとたたき込むという話も耳にします。しかし、北國銀行の本業はあくまでも銀行業であり、いわゆる「銀行業務」に関する研修メニューやノウハウしか従来は持っていませんでした。

システム職の行員として採用されても、営業職の行員と同一の研修を受講してシステムとは直接関係のない資格試験に合格する必要があり、それらをクリアして初めて開発現場に参画していました。いくらシステム職とはいえ、銀行員としての最低限の知識は持っておいたほうがよいという考え方自体は間違っていないと思います。

しかし、問題はその後です。以前は、システム部に配属されたにもかかわらず、システムに関する教育をろくに受けないまま、進行中の開発案件にいきなり携わるよう命じられていたからです。新入行員の（あるいは中途採用であっても）スキルレベルにはばらつきがあります。場合によっては、教える側の行員の時間が想定以上に取られたり、効率的なスキルの習得が進まなかったりといった問題が発生していました。

新入行員を除くシステム部員のスキル育成にも課題がありました。目の前にあるシステムを保守開発するための最低限のスキルは身に付いていましたが、新しい技術を習得するための教育は一切なかったのです。「そんなものは自己啓発でやるべきだ」というのはいささか乱暴すぎる意見で、現実的にはプライベートな時間の尊重や、システム関連の知識を自力で習得しようとすればお金の問題にも頭を悩ませるでしょう。また、効率的にスキルの習得ができないというケースもあります。

ＤＸを看板に掲げて進もうとする銀行が、その要の人材育成を放棄して、完全に本人任せにするというのはあり得ないことです。よく言いますが、人材は「人財」です。経営では、人にかかるコストが最も大きく、人のパフォーマンスが組織のパフォーマンスに直結します。当たり前のことですが、北國銀行でもコストをかけてシステムに関する教育を進めていこうということになりました。

まず、システム職の行員には、外部の研修会社の有料トレーニングを受講してもらうことにしました。強制ではありません。「受講したい」「知識を深めたい」というマインドを持っている行員には、大手を振って参加してもらいました。

地元の大学が行う情報系の研修にも参加できるようにしました。このほか、最新のテクノロジーを使ったシステムアーキテクチャーの設計や、アジャイルを取り入れた開発プロセスの構築などについては、ＩＴ系コンサルティング会社アークウェイのご支援の下、知見を深めていきました。さらに、デジタルバリューでは、自己

北國銀行ではDevOps研修など全行員向けのシステム関連教育にも注力している

啓発につながる書籍も会社負担で購入できるようにしました。
北國銀行では、システム部以外の行員に対する情報教育にも力を入れています。システム開発に直接携わることは少ないかもしれませんが、コンサルティング営業を推進する上でITの知識が必須となっているからです。例えば、2020年は「クラウド」「システムセキュリティ」の研修や、部署や役職にとらわれず同じ目標に向かって仕事を進めるマインドを醸成するための「DevOps」研修を行いました。新入社員研修では「アジャイル」のマインドについて、

北國銀行で実施しているシステム関係の研修

対象	研修内容
全行員	システムトレンド研修 ・クラウド ・システムセキュリティ ・アジャイル（主にマインド）
	DevOps研修
	ＩＴパスポート研修
システム職行員 （デジタルバリュー含む）	システム開発者向け外部研修 ・Azure関連 ・Web開発者向け研修
	大学との共創教育 ・ＡＩ、データ分析関連 ・セキュリティ関連
	コンサルティング会社研修 ・高度ＩＴディベロッパー養成研修
	その他 ・書籍購入費補助

ロールプレイングを用いながら半日かけてみっちりと体験してもらいました。受講者全員が「ＩＴパスポートくらい取得しよう」を合言葉に、システム部の行員が講師となって試験のポイントを解説する勉強会も開いています。

もちろん、一度研修を受講したら終わりではありません。世の中や技術の進歩に伴って、求められる知識やスキルもどんどん変わっていきます。変化のスピードに合わせて、人材育成も臨機応変に対応していく必要があるのです。

要求定義の質向上で業務部署をサポート

今日、システムなしでは業務が前に進まなくなっています。そのため、昔と比べシステム部は行内でさまざまな部署と関わるようになりました。屈辱の〝下請時代〟の反省から、システム部は業務部署が案件を企画検討する段階から必ず参画しています。繰り返しになりますが、案件で何を実現したいのかしっかり理解しないと、良いシステムが作れないからです。最初の頃はなかなか情報が集まりませんでしたが、現在はしっかりと連携が取れています。

システム開発の経験が少ない業務部署の担当者は、開発案件の内容の検討で知らず知らずのうちに細部にこだわりすぎることが珍しくありません。一方、システム部は豊富な経験を通じて、他部署より銀行全体を俯瞰して見やすい立場にいます。

このアドバンテージを生かし、開発案件が銀行の全体最適にかなっているのか、開発案件で実現しなくてはいけない点は何なのかを常に意識し、業務部署に適切なアドバイスをする必要があります。システム部全員が同じベクトルでその任務を果たせるよう、マインドチェンジを行いました。

以前、業務部署が作成する要求定義（業務部署がシステム化してほしい要求をまとめたもの）の品質が悪く、システム開発の生産性が上がらないという問題が発生

要求定義をシステム部側から積極的に行い、業務部署をサポート

したことがありました。問題解決のため、本来は業務部署が作成すべき要求定義をシステム部と共同で作成することにしました。おそらく、最初は共同とは名ばかりで、システム部がヒアリングして要求定義を作成していたと思います。

それでも、このサポートを繰り返すうちに業務部署のスキルが少しずつ上がり、精度の高い要求定義を作成できるようになりました。結果、開発の生産性が上がりました。システム部には若干、負担がかかりますが、業務部署との早期連携で要求定義の手戻りは少

なくなりました。

フィンテックを意識し〝スキル特化〟へ転換

ＩＴの劇的な進歩によりフィンテックという言葉が生まれ、銀行の競争相手は同業者だけではなくなりました。むしろ異業種のほうが脅威になってきているといってもいいでしょう。フィンテック業者を迎え撃ち競争に勝つためには、今までの体制とプロセスでは太刀打ちできません。

北國銀行もテクノロジー企業になる必要があります。実際、米国の銀行では行員の半分をＳＥに入れ替えています。世界一のデジタルバンクと評されるシンガポールのＤＢＳ銀行では、経営層や管理職も含めアジャイルやＡＩの研修を行っています。北國銀行でも開発案件が飛躍的に増えており、これに対応するためにはシステム部だけでなく行員全員がＳＥになる必要があるのです。

その一環として最近、共同で要求定義を作成することをやめ、業務部門で作成するプロセスに変更しました。システム部は開発に集中し、業務部署はシステム部が案件に関わる以前のリードタイムを利用し、要求定義を独力で行うのです。要求定義の内容も、モダン化、シンプル化しています。研修を実施し、その内容を

YouTubeにアップして業務部署がいつでも自習できるようにしています。この取り組みは始めたばかりで、効果が出るのはもう少し先になるかもしれませんが、短期間でやり切らないと異業種に飲み込まれてしまいます。だから危機感を持って取り組んでいます。

もう一点、取り決めたことがあります。他行も同じかもしれませんが、北國銀行ではシステム部は異動があまりなく業務スキルを蓄積しやすいと思います。片や業務部署は定期的な異動があり、引き継ぎを行う必要があります。その結果、例えば為替業務に一番詳しい行員が為替主管部署の行員でなく、システム部の行員になってしまうということもあり得ます。

この場合、業務部署の人間が前任者のスキルを100%受け継がなくても、システム部の行員に聞けばよいとの甘えがどうしても出がちです。これを抑止するため、北國銀行では、「システム部行員はシステムスキルに特化する」「業務スキルは業務部署に責任を持ってもらう」との方針を打ち出しています。そうしないと、競争に勝ち抜くための生産性を確保することができないからです。

（２）発注・受注関係からシステムパートナーへ

契約交渉の不毛な消耗を避ける

システム開発に限らず、社外に仕事を依頼する場合、そこには必ず契約行為が発生します。お金の絡まない契約であれば事務手続きだけで済むかもしれませんが、契約の大半には「高い」「安い」といった金額交渉が伴います。システム開発に関して言えば、主に①請負契約、②準委任契約――の2通りの契約があります。

請負契約は、あらかじめ作成する成果物を定め、受注者となるシステムベンダーがこれを守って納品する形であり、発注者は成果物を検収の上、報酬を支払います。準委任契約は、成果物責任を負わせずに受注者となるシステムベンダーに業務を委託する形を取ります。最近は、システムベンダーも成果物に対するリスクを回避したいとの思いから請負契約を避ける傾向があり、成果物を納品してもらうようなプロジェクトであっても、準委任契約を結ぶケースが多くなっています。

いずれにしても発注者であるユーザー企業の立場としては、「しっかりした品質のものを安く期限通りに作ってほしい」という高いレベルのＱＣＤ（Quality・Cost・Delivery）を要求するのが一般的です。ユーザーはできるだけＱＣＤを良くするためにＲＦＰ（Request for Proposal）を作り、多くのシステムベンダーに提案を依頼します。その中から最も条件（主にコスト）の優れたベンダーを選定して発注することになりますが、これはあくまでもシステムの初期導入の場合の話です。

すでに導入済みのシステムをカスタマイズする場合はどうでしょうか。相見積もりを取りにくいケースでは、ベンダーの言い値で契約することも多いと思います。その際に不毛な契約交渉がしばしば繰り広げられます。それは、「キリの良い数字に値引きしてほしい」とか、「ワークフローを上位者に進めるたびに値引きを要求される」といったものです。ベンダーが「もう値引けない」といった場合もあれば、「社長決裁でなければこれ以上は値引けない」といったケースも発生します。完全に手の内を隠しながら綱引きを行っている状態です。

この交渉劇の裏で、発注者と受注者それぞれに何が起きているのか、あるいは起き得るのか考えたことはありますか。普通に考えれば分かることですが、次ページの表のようなことが起きているはずです。

ご覧いただければ分かる通り、値引き交渉によって得られるものは双方共にほと

システムベンダーとの不毛な契約交渉によるデメリット

ユーザー（発注者）	ベンダー（受注者）
・本来やりたいカスタマイズが遅れる（機会損失につながる） ・契約交渉している担当者のマンパワーが浪費される ・（場合によっては）実装したい機能が減ってしまう ・（ベンダーのモチベーション低下によって）システムの品質が下がる	・契約交渉している担当者のマンパワーが浪費される ・契約交渉に時間を取られ、ほかのビジネスが獲得できない ・（値引きをされた場合）ベンダーのモチベーションが低下する

んどありません。こんな契約交渉を避けるためには、お互いが情報を平等に出し合い、費用と価値が一致することを納得できる状態にすることが重要です。「情報の非対称性」を排除するということです。

ベンダーは、なぜこのような価格になっているのかというロジックを分かりやすく明示し、ユーザーは理不尽な値引き要求をせず、提示されたロジックを理解し納得することです。もし、値引き交渉をするのであれば、ベンダーのロジックを含めてしっかりと双方が納得する形で条件を変更することが重要だと思います。これが実現できれば、無駄な契約交渉で時間やコストを浪費することもなくなり、前を向いて本来の仕事に集中することができるはずなのです。

実際、北國銀行では意味のない（薄い）値引き交渉はしていません。ベンダーが1回目の見積もりを提示した時点で、金額のロジックが明確で納得できる内容であれば、交渉は一切せずに契約しています。逆に、納得のいかない内容であれば、「値引いてほしい」でなく「ロジックを教えてほしい」というリクエストを投げます。

その際に真摯にロジックを開示するベンダーであれば、パートナーとして長くお付き合いできるでしょうし、反対の場合はあまり積極的にお付き合いできないベンダーになっていく可能性があります。あくまでも対等な立場で契約がなされるべきなのです。

「言った、言わない」で得するのは誰？

システム開発の世界では、「言った、言わない問題」が数多く発生します。「この機能は実装すると言ったはずだ」とか「いついつまでにリリースするなんて約束していない」といった類の話です。過去には、北國銀行でもシステムベンダーとの間ではもちろんのこと、システム開発を行うシステム部門と要件を出す業務部門の間でも、よくこの種のトラブルが起きていました。

その要因はいろいろとあるでしょう。どちらかが責任逃れのために嘘をついたり、要件定義書や設計書などのドキュメントに残しておらず、本当に失念してしまったりなどです。「言った、言わない問題」を避けるには、細部にわたるまでドキュメントに残して双方が確認し、ハンコを押しておけば間違いがありません。

実際、そこまでやっても行間の隠れた要件や設計は抜け落ちるものなのです。先ほどの契約の話と同じですが、「言った、言わない」が起きると双方にデメリットが発生します。まずは、責任のなすり付け合いが落ち着くまで意味のない議論が延々と続き、最後は次のどちらかのパターンになります。

・要求を出した側が我慢する
・要求を受けた側が要求をのむ

システムに対する仕様変更が発生した場合、追加費用が必要になることもあります。そうなると、契約交渉にまで波及して事態をこじらせることが懸念されます。こうなると、お客様のため銀行のために仕事をするという当初の目的は忘れられ、貴重な時間と労力を双方の綱引きで消耗することになります。これでは、デジタルディスラプションの流れに乗り遅れるのをただ待っているようなものです。

窓の外を眺めれば、銀行とベンダーが疲弊するのを涎を垂らして待つGAFAなどの猛獣たちが見えます。当事者同士の泥仕合で漁夫の利を得るのは、新しいマインドやテクノロジーを武器にイノベーションを引き起こし続けるGAFAやスタートアップたちなのです。

日本ユニシスとのコラボレーションにおける双方の目標

日本ユニシス	北國銀行
・アジャイル開発の手法を進化させたい ・金融機関向けレコメンデーションサービスのセールス用デモアプリを開発したい ・金融機関向けスマホアプリとサーバーサイドのフレームワークを開発したい	・北國銀行用スマホアプリを開発したい ・スマホアプリを内製開発するためのスキルを身に付けたい

アジャイル時代のコラボレーションのあり方

もはや、システムベンダーとの契約交渉にばかり時間を割く余裕はありません。銀行もベンダーも同じ方向を向き、同じ目標へ進んでいく「コラボレーション」の時代になったのです。そのためには、お互いがやりたいこと、達成したいことをしっかりと理解し、双方にとってメリットのある協業体制を作る必要があります。

北國銀行が取り組む最新の事例を紹介します。日本ユニシスとのコラボレーション事例で、上のような目標がそれぞれにありました。

これらの目標を実現するために、従来の発注者、受注者という枠を超えたフラットな関係で、コラボレーションしようという流れになりました。名付けて「ＣＤＯＬａｂ」です。ＣＤＯとは最高デジタル責任者を意味する「Chief Digital Officer」の略です。日本ユニシスの葛谷常務と北國銀行頭取でデジタルバリュー取締役でもある杖村直属の

ユニシスCDOLabのteams画面ショット例

ラボの位置付けでスタートしたことからの命名です。ＣＤＯＬａｂの特徴は次の通りです。

・双方が開発要員を提供する
・アジャイル開発を行う
・勤務体制はフルリモート
・開発ツールは相談しながら決定

一番の特徴は、銀行とユニシス双方の開発要員によるアジャイルチームの結成です。フラットな関係が作りやすく、スキル習得を目的としたファーストステップとして日本ユニシスが展開する金融機関向けレコメンデーションサービスのデモアプリを、本番リリースを目指したセカンドステップとして「北國おサイフアプリ」と呼ぶ北國銀行のスマホアプリを題材に作ってみることにしました。北國銀行のスタンスとしても「期日までに絶対に作り切らなければならない」ではなく、「勉強しながら可能な限り良いアプリを作っていこう」という軽いニュアンスで取り組みました。

もうひとつの特徴は、コロナ禍の中、泣いても笑ってもフルリモートで開発するしかなかったという点です。一度もリアルで会ったことのないメンバー同士が、果たしてアジャイルチームを組んでフルリモートで開発できるのか。正直、半信半疑な部分もありましたが、結果的には素晴らしいチームワークが発揮できています。特に、ユニシスメンバーのきめ細かいケアによる心理的安全性の確保や、技術面のサポートには目を見張るものがあります。

開発のカギ握るインセプションデッキ

開発はＳＣＲＵＭというアジャイル手法で進めています。その中で最も重要な位置付けとなっているのが「インセプションデッキ」です。インセプションデッキとは、プロジェクトの全体像をプロジェクトに関わるメンバーが正しく認識するために最初に作成するドキュメントで、メンバーが「同じベクトルを向いてプロジェクトを進める」ために非常に重要なものになります。

北國銀行がインセプションデッキに盛り込んだ具体的な内容は次のようなものです。

・我々はなぜここにいるのか（目的をはっきりさせる）
・エレベーターピッチ（作るプロダクトの特徴や差別化のポイントを明確にする）
・パッケージデザイン（作るプロダクトの視覚的なイメージを持つ）
・やらないことリスト（開発のスコープをはっきりさせる）
・ご近所さんを探せ（関係者やステークホルダーをはっきりさせる）
・技術的な解決策の概要（プロジェクトを実現するための技術的な課題を明確にする）
・夜も眠れなくなるような問題は何だろう（起こり得る課題や障壁をあらかじめ認識し、解決策を模索しておく）
・期間を見極める（何となくのスケジュール感をイメージしておく。期間を確約するものではない）
・トレードオフスライダー（物事の優先順位をはっきりさせる）
・何がどれだけ必要なのか（人、モノ、金がどれだけ必要なのか見極める）

盛り込んだ内容はどれも大切ですが、特に「我々はなぜここにいるのか」はプロジェクトの旗印とも呼べるものであり、関係者が必ず意識すべき最重要の位置付けです。このほか「トレードオフスライダー」も、案件を推進する際に優先順位を決める上での重要な指標となります。これを認識しておくことで、やるべきことの判断をいちいち迷わなくて済むようになるからです。

Ｓｃｒｕｍ開発の区切りをスプリントと呼び、このチームでは「1週間で1スプリントをこなす」という方式を採用しました。開発チームは毎週、プロダクトバックログと呼ぶ「やることリスト」を作成し、優先順位を決めて開発に没頭します。リモートであっても、プロジェクト管理ツール「ＪＩＲＡ」のBoardと呼ぶ機能で、数時間単位で細かくタスク管理できるのでサボることはできません。もちろん、開発チームは全員、自律的でモチベーションが高く、そんな後ろ向きの管理は不要です。なので、Board機能をチームメンバーの仕事の見える化と進捗管理に活用しています。

スプリントの最後にはスプリントレビューを行い、ステークホルダーを含めた関係者全員が良いプロダクトになるように意見を出し合います。その後、開発チームはスプリントの振り返りを行い、「良かったこと」「悪かったこと」「続けるべきこと」などを共有して改善を繰り返していきます。こうして「おサイフアプリ」は週を重ねるごとに成長していきました。

先ほど紹介した「契約の問題」や「言った、言わない問題」はここでは無縁です。関係者全員がインセプションデッキに書かれた旗印に向かって、愚直に楽しく突き進んでいます。

苦労をいとわずノウハウ蓄積の糧に

これまでは、発注者側となるユーザーは受注者側となるシステムベンダーに対して、できるだけ多くの仕事を「なすり付けよう」というマインドが強く働いていたように思います。「できるだけ安いコストで多くの仕事をやってもらおう」とのスタンスです。単純作業であればそれでもよいでしょう。しかし、これからの時代は成果物を作ることよりも、成果物を作るまでの過程が大切になるのではないかと考えています。

一からものを作るためには多くの苦労が伴います。さまざまなハードルを乗り越えていく必要があるはずです。苦労をすべてシステムベンダーに押し付けてしまうと、その中で生まれたアイデアやノウハウ、働き方などの一切がベンダーのものになってしまいます。

アジャイル時代を生き残るためには、どんな困難が立ちはだかっても乗り越えられる、あるいは回避できる組織力が求められます。「契約だから、ベンダーに必ずやってもらう必要がある」や「言った、言わない問題」などの細かいことはいったん横に置き、自分自身が生き残るためには「できるだけ多くのノウハウを身に付けようという姿勢」こそが、今求められているように思います。

システムベンダーとは今後、システムパートナーとしてフラットな関係を保ちながら、お互いのゴールをお互いが認識しつつ必要なノウハウを一緒に高め合い、蓄積できる伴侶であるべきだと考えています。

（3）品質至上主義からの脱却

「銀行システムは万全に」との不文律

北國銀行のシステム職やデジタルバリューの社員採用活動の中で、応募者に「銀行のシステム開発のイメージ」についてヒアリングすることがよくあります。ほとんどの方が「絶対にダウンさせてはいけない」「お金を扱うシステムなのでバグは許されない」「セキュリティも万全でなくてはならない」「とにかく品質が最優先で開発スピードは二の次」などといったイメージを持たれています。

それは決して間違いではありません。金融機関は「お金」という大事なものを取り扱う会社であり、重要な社会インフラのひとつであることから、システムに関しては「お金や金利の計算を絶対に間違えてはならない」「システムがダウンするなどもってのほか」「セキュリティも他業態より堅牢でなくてはならず、情報漏洩などがあってはならない」などの不文律があります。

また、ひとたび銀行でシステム障害が発生すると、お客様にご迷惑をかけるのはもちろんのこと、法人であればサプライチェーン全体の資金繰り、個人であれば消費活動全体など広範囲に影響を及ぼしかねません。地域金融機関でシステム障害が発生すればその地域全体に、メガバンクでシステム障害が発生すれば日本中にその影響が及びます。

実際、２００２年4月に発生したみずほフィナンシャル・グループにおける大規模なシステム障害では、日本中の法人と個人が約1カ月にわたり大きな影響を受けました。また、２０１１年3月にみずほ銀行で発生したシステム障害でも、約１週間にわたってシステムが停止し、東日本大震災直後の国内が混乱に陥ったことをご記憶の方も多いと思います。

このような大規模なシステム障害は、銀行自身が行政処分の対象となる可能性があります。みずほフィナンシャル・グループの事例をはじめとして、システム障害やセキュリティインシデントを要因として金融庁が業務改善命令を発出した例は、これまでに延べ9件を数えます。また、業務改善命令には至らないものの、お客様など対外的に影響を及ぼしたシステム障害やセキュリティインシデントについては当局へ報告し、原因の究明および再発防止策の策定と実行の必要があります。

システム障害には非常に神経質

このような背景もあり、金融機関のＩＴ部門はシステム障害に対して非常にナーバスな環境に置かれています。すべてのシステムにおいて稼働率１００％を目指し、どのシステムであろうとも障害が発生したら、その規模の大小や昼夜、平日、休日を問わず出社して迅速に対処します。

当然、その経緯をすべて記録に残し、原因の深掘りと再発防止策の検討を行い、実行に移しています。また、システムの開発現場においても、システム障害を発生させないように時間と人手をかけて徹底的にテストを実施してリリースをしています。

もう1点、金融機関のシステムには特筆すべき点があります。それは「金融機関等コンピュータシステムの安全対策基準・解説書」の存在です。このような業界横断的な基準の制定は、ほかの業態ではあまり例がありません。これも、金融機関が資金の融通という重要な役割を担う巨大な装置産業だからです。

この「安全対策基準」は金融機関等の自主基準として1985年に制定されて以降、改訂が繰り返され、長きにわたり金融機関におけるシステムの安全対策のデファクトスタンダードとして活用されています。すでに廃止されましたが、金融検査マニュアルにも「金融機関等コンピュータシステムの安全対策基

システム障害によっては謝罪会見や引責辞任も

大規模なシステム障害を起こすと、地域一帯に大きな影響を与えることになり、金融機関の経営にも大きな痛手となる

準・解説書等に基づき確認する」旨の記載がありました。

安全対策基準は金融機関のシステム部門だけでなく、金融当局にとってもまさにバイブルのような存在といえます。金融機関が何かしらシステム化を実施しようとするときは、システムの種類や持っている情報の重要性、さらされるリスクなどの内容もあまり考慮せず、ほぼ「安全対策基準」を参照し、それを遵守して、システム障害やセキュリティインシデントの削減に重点的に取り組むことに注力してきました。

そこまで力を入れなければならないほど、金融機関にとってシステム障害は恐ろしいものであり、それは昔も今も変わっていません。むしろＩＴ化の進展に伴い管理すべきシステムが加速度的に増加したり、クラウドサービスの拡大に伴い自社でコントロールできないシステム障害が増加したりといった分だけ、ＩＴ部門の苦労は増えているかもしれません。

行員試行の採用でＥＸ、ＣＸ向上

どれだけ時間と工数を投入して念入りにテストをしても、また、どれだけ原因を深掘りして詳細なマニュアルを作成しても、所詮は人がやることなので完全というものはありません。規模の大小こそあれ、システム障害はいつか発生するものです。システム障害への対応は生産性向上に何ら寄与せず、可能であれば極力削減したいものです。

ところで、システム障害対応を含めたいわゆる「保守」がＩＴ投資全体に占める割合が、日本企業は欧米と比較して高い傾向があります。つまり、既存システムの運用・保守といった「守りのＩＴ投資」で手いっぱいで、新しい技術を活用して斬新なビジネスモデルを展開するための「攻めのＩＴ投資」に手が回っていないことを意味しています。

北國銀行が目指すのは「攻めのＩＴ投資」による新しいビジネスモデルの構築、新しいサービスの提案であり、そのためにはＩＴ部門の高い生産性が必要不可欠です。これまでのような「金融機関だから」という理由だけで、「すべてのシステムにおいて稼働率１００％でなければならない」という品質至上主義の考え方はもはや時代錯誤となっています。これではＩＴ部門の生産性は向上せず、北國銀行の目指すＤＸは画餅に帰します。北國銀行が「ＩＴの力で地域のＤＸをリードする」と謳った以上、自身が変革に真っ先に挑むのは当たり前のことといえます。

その取り組みのひとつが、「行員試行」という考え方です。これまではシステム部と業務主管部署だけで、時間をかけてテストを重ねてからお客様向けにリリースをしてきました。しかし、これではテストに多大な時間がかかり、タイムリーにサービスをリリースできません。そればかりか、テストを行う人の目が少ないためバグを見落としがちになり、お客様向けにリリースした後で重大なバグに気づいたこともありました。また、業務主管部署の思いだけで作り上げたシステムは現場の意見が反映されにくく、リリース後に使い勝手を良くするための改修ともなれば、ＩＴ部門の生産性はさらに低下します。

これに対し行員試行では、システム部と業務主管部署によるテストを経て本番環境へリリースしますが、お客様向けに開放する前に他部署や場合によっては営業店も巻き込んで広く試行を行います。多くの行員が試行に参加することで、システムの不具合を短期間で多く炙り出せます。さらには、早い段階から現場を巻き込むことで、現場の意見を吸い上げることもできます。これらにより、万一、システム障害が発生した場合に備えた代替手段もあらかじめ準備でき、お客様へのリリース時に高品質のサービスを提供することが可能になります。

行員試行の採用で、より高い従業員体験（ＥＸ：Employee Experience）が得られ、ＥＸが向上すれば従業員を通してお客様体験（ＣＸ：Customer Experience）

の向上にもつながります。ＤＸを成功させるには、このＥＸとＣＸが必要な要素となります。

システム障害を許容する文化へ変化

少し脱線しましたが、北國銀行は行員試行の取り組みなどを通して、行員とお客様のデジタル化に対する満足度を向上させ、システム障害に対する考え方を徐々に変化させてきました。システム障害は「絶対に発生させてはならないもの」ではなく、「ある程度の確率で発生するもので、発生したときに迅速にリカバーすること、再発させないことが重要である」への変化です。しかし、これだけでシステム障害に対する許容度が大きく変わるわけではありません。やはり、一番大きな要素は「経営層の積極的な関与」であると考えています。

２０１１年のみずほ銀行のシステム障害事例の報告書には、直接的な原因を「預金口座への１日当たり振込受付件数の上限オーバー」とし、それにさまざまな人的ミスなどが重なって起きた障害と書かれています。しかし、背後では経営陣のＩＴガバナンスの不足が指摘され、実際、その後の「金融検査マニュアル・監督指針」改訂において、金融機関代表者自らがシステムリスク管理に積極的に関与するように変更されるなど、経営層によるITガバナンス強化が明確に打ち出されています。

この点に関して北國銀行では、10年以上前から物件費削減の一環として実施する「保守費削減プロジェクト」において、経営層がシステム保守のリスク管理に積極的に関わり、スピーディーな決断を下しています。例えば、システム保守費はシステムベンダーにとって大きな収益源のひとつであり、「システム障害に迅速対応するための要員を常時アサインする必要がある」との理由で、慣習的に定期定額の保守契約を締結してきました。一方、ユーザー側から見れば、問い合わせは年に数件程度、メンテナンスも年に数回、システム障害も特に発生していないのに1システム当たり年間何百万円、何千万円ものシステム保守費を支払うことは、現実にそぐわないと強く感じていました。

システム保守費を削減するための交渉に際しては、単なる精神論やお願いだけで値引きを求めてもほとんど効果がなく、むしろシステムベンダーとの関係を悪化させるだけです。お互いが納得できるロジカルな説明が必要不可欠であり、保守サービスの内容見直しはもちろんのこと、保守サービスの利用実績を積み重ねて単価交渉を行ったり、定期保守から都度保守への変更を行ったり、場合によっては保守契約の解除も行ってきました。

「都度保守への変更」「保守時間帯の短縮」「保守契約の解約」を行えば、システム障害発生時に迅速な保守が受けられないリスクが伴います。そのリスク評価について、担当部署がIT部門やリスク管理部門と議論し、経営層にエスカレーションして最終判断を仰ぐルールを定めています。このように、経営層自らが積極的にリスクテイクに関与することで、経営層のシステムへの理解が一層深まっています。

また、障害に備えてコンティンジェンシープランも整備しています。障害発生時に速やかに発動し、システム障害に対するレジリエンスを高めています。これら一つひとつを積み重ねてきたことで、行内にシステム障害の発生を責めない文化が醸成される大きな変化が生まれました。

保守レベルをシステムに応じて決定

「金融機関等コンピュータシステムの安全対策基準・解説書」は、時代に即して改訂が行われ、最近ではITガバナンスに基づくリスクベースアプローチの考え方を取り入れています。これは全システムに一律の対策を行うのではなく、各システムが持つリスク特性を洗い出した上で、それに応じた安全対策を決定し、残存するリスクに対してコンティンジェンシープランを策定する方法を採用します。

また、過去の方法ではすべての金融機関が一律の基準で対策を行ってきましたが、現在では各金融機関自身のリスク判断により、対策を取ることができるように変化しています。そのほかにも、「対応必須項目」と「任意対応項目」がしっかりと明記され、金融機関としての対策の必要性がより明確になっています。

現場の管理も大きく変わってきています。かつて北國銀行システム部には、「目指せ！ノーダウン・システム」という貼り紙が掲示されていました。勘定系システムはもちろんのこと、あらゆるシステムについて品質を最優先し、稼働率100%を目指していたからです。しかし、それではシステム部の生産性が向上せず、DXが実現できないことが分かってきたため、企業としてシステム障害を許容する文化に変革してきました。

今では、「機密性」「完全性」「可用性」「業務継続」の観点から重要システムを定義し、重要システムと一般システムでメリハリをつけた開発・保守体制を整備しています。先の保守費削減の事例でも、システム障害が発生したときに業務にどのような影響がどの程度の規模で発生するのか、また、復旧までどの程度待てるのかなどを、システムごとに検証した上で保守レベルを決定しています。

北國銀行が考えるサービスレベルのイメージ

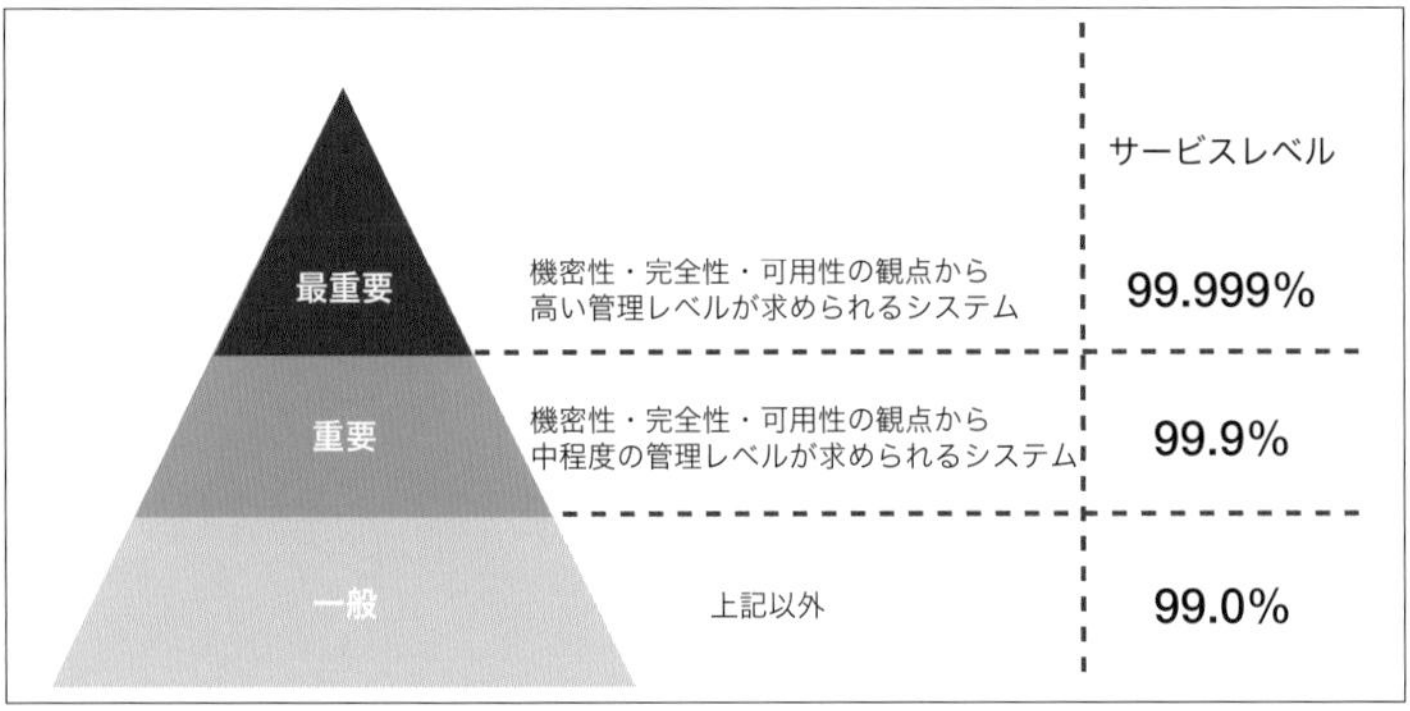

近年、海外の金融機関の中には勘定系システムをクラウドに上げ、最新のテクノロジーを活用して目新しいサービスをどんどん展開しているところがあります。また、ここ数年のうちにAmazonやFacebookといった大手プラットフォーマーが金融分野にも進出してくることでしょう。地方銀行はただでさえ数が多いといわれる状況にもかかわらず、海外金融機関や大手プラットフォーマーが日本で斬新なサービスをスピーディーに展開してきたらひとたまりもありません。もはや、競争相手は隣近所の同業者ではないのです。

この強烈な危機感を背景に、北國銀行はすべてのデータをデータレイクに集約し、ＡＩを活用したタイムリーなデータマーケティングやインターネットを活用した営業スタイルの確立を目指しています。その実現のために、サブシステムだけでなく勘定系システムについてもクラウド上に構築する決定を下しました。その議論の過程では当然、システムの品質が問題となりました。特に、クラウドサービスの不定期メンテナンスによる突然のシステム再起動リスクにどう対処するかが、大きな課題として検討されました。

主なクラウドサービスでは、サービス内容にもよりますがSLA（サービス・レベル・アグリーメント）により可用性99.99%以上を保証しています。それでも、0.01%は利用できなくなる可能性があるわけです。これは、時間にして年間で約1時間弱の停止時間をどう取り扱うかという話です。コストをかければ回避策はあります。仮に、不定期メンテナンスが数十秒程度で終了し、すぐに業務継続（リトライ）が可能となるのならば、逆にリスクを取ってシステム停止を許容することも考え方としては成立します。

ここで言いたいのは「勘定系システムも例外ではない」ということです。勘定系システムで稼働率100%の品質を目指していたら、北國銀行が謳うクラウド上に勘定系システムを構築するDXの実現など夢物語になってしまいます。これは、決して品質を軽視しているわけではありません。北國銀行が今後、地方銀行、さらには地域総合会社として生き残っていくために絶対必要と考えるからです。

将来的には、クラウドに上げたシステムでは、サービスレベル目標における稼働時間をＫＰＩとして管理することを視野に入れています。そのときは、勘定系システムのサービスレベル目標は可用性99・９９％以上、分散系システムについては機能や情報資産・脅威などのリスクに応じて可用性をバランス良く変化させ、高い次元で品質と生産性の両立を図っていきたいと考えています。

本格的なアジャイル開発を実践

北國銀行、日本ユニシス、ＦＩＸＥＲの3社共同出資のデジタルバリューは、高度ＩＴ人材を集めて新しいことに取り組んでいくために設立した会社で、「北國銀行ではすぐに実現が難しいことでも、デジタルバリューなら実験的に試すことができる」「それが良いものなら積極的に導入しよう」という自由な社風が流れています。そんなデジタルバリューで取り組むもののひとつが、本格的なアジャイル開発です。

これまで北國銀行ではウォーターフォール型の開発手法が一般的であり、「要件定義」「外部設計」「内部設計」「製造」「テスト」「リリース」と順番に進める手法で行っていました。一つひとつのフェーズを順にこなしていくのでスケジュールが立てやすく、品質も安定します。半面、大型開発ではなかなか案件が進捗せず、タイムリーにサービスを提供したり、スマートフォンアプリなどのように常に変化が求められるシステムを開発したりといったケースには、あまり適していませんでした。開発のスピードアップを求めて、一部を「アジャイル的に」運用したこともありますが、アジャイル開発の一部だけをかじってもベースはウォーターフォール型であり、期待したほどの成果は得られませんでした。

アジャイル開発といえば短めの反復期間を設け、その反復ごとに機能追加を継続していくイメージがあります。しかし、北國銀行は方法論やツール、プロセス以前に、アジャイルのマインドセットを理解するほうが重要だと考えています。「アジャイルソフトウエア開発宣言※1」や「アジャイル宣言の背後にある原則※2」を以下に示します。

アジャイルソフトウエア開発宣言※1

私たちは、ソフトウエア開発の実践あるいは実践を手助けする活動を通じて、よりよい開発方法を見つけだそうとしている。
この活動を通して、私たちは以下の価値に至った。
プロセスやツールよりも個人と対話を、
包括的なドキュメントよりも動くソフトウエアを、
契約交渉よりも顧客との協調を、
計画に従うことよりも変化への対応を、
価値とする。すなわち、左記のことがらに価値があることを認めながらも、私たちは右記のことがらにより価値をおく。

Kent Beck
Mike Beedle
Arie van Bennekum
Alistair Cockburn
Ward Cunningham
Martin Fowler
James Grenning
Jim Highsmith
Andrew Hunt
Ron Jeffries
Jon Kern
Brian Marick
Robert C. Martin
Steve Mellor
Ken Schwaber
Jeff Sutherland
Dave Thomas

©2001、上記の著者たち

この宣言は、この注意書きも含めた形で全文を含めることを条件に自由にコピーしてよい。

アジャイル宣言の背後にある原則※2

私たちは以下の原則に従う：

顧客満足を最優先し、価値のあるソフトウエアを早く継続的に提供します。

要求の変更はたとえ開発の後期であっても歓迎します。変化を味方につけることによって、お客様の競争力を引き上げます。

動くソフトウエアを、２－３週間から２－３ヶ月というできるだけ短い時間間隔でリリースします。

ビジネス側の人と開発者は、プロジェクトを通して日々一緒に働かなければなりません。

意欲に満ちた人々を集めてプロジェクトを構成します。環境と支援を与え仕事が無事終わるまで彼らを信頼します。

情報を伝えるもっとも効率的で効果的な方法はフェイス・トゥ・フェイスで話をすることです。

動くソフトウエアこそが進捗の最も重要な尺度です。

アジャイル・プロセスは持続可能な開発を促進します。一定のペースを継続的に維持できるようにしなければなりません。

技術的卓越性と優れた設計に対する不断の注意が機敏さを高めます。

シンプルさ（ムダなく作れる量を最大限にすること）が本質です。

最良のアーキテクチャー・要求・設計は、自己組織的なチームから生み出されます。

チームがもっと効率を高めることができるかを定期的に振り返り、それに基づいて自分たちのやり方を最適に調整します。

この「アジャイルソフトウエア開発宣言」と「アジャイル宣言の背後にある原則」をご覧いただくとお分かりになると思いますが、アジャイル開発には具体的な方法論が定められておらず、どちらかといえばマインドチェンジに重点が置かれています。

例えば、さまざまなツールを効率的に利用してアジャイル開発を進めることは重要ですが、単にツールを使っているからといってアジャイル開発をしていることにはなりません。まず、最優先すべきは顧客満足であるとし、アジャイル開発において何をもって顧客満足とするのか、つまりビジネス上のゴールをどこに設定するのかを、プロジェクトメンバー全員で共有する必要があるとしています。

また、一定のペースの継続的な維持が求められていることから、何でもかんでも追求せず、選択と集中を図らなければならないケースも起こり得るでしょう。その際、どこに集中して資源を投下すればよいかについても、メンバー全員が共有しなければなりません。さらには、計画に従うより変化への対応を重要視しており、業務要件やスケジュールなどさまざまな要素が常に変化し、かつそれらを柔軟に取り入れていく必要もあります。そして、それらを行うためのツールが前述の「インセプションデッキ」であり、その中で「トレードオフスライダー」というものを作成します。

インセプションデッキは、プロジェクトをスタートするにあたり、その目的、優先順位、方向性やコスト感などといった認識の統一をプロジェクトメンバー間で図るために作成します。トレードオフスライダーは、「品質」「予算」「スケジュール」「スコープ」などといった要素についての優先順位を、プロジェクト内で合意するためのツールです。

すべての要素を最優先することはできず、何かを優先すればほかのどれかをあきらめることになります。以前の銀行での開発であれば、常に「品質」が最優先でした。しかし、世の中の変化が速い現代では、必ずしも「品質」が最優先とは限りません。他社に先んじてサービスを提供するために「スケジュール」を優先することもありますし、「予算」「スコープ」を優先することもあります。プロジェクトの過程では、外的、内的な要因により、これらの優先順位が変動することがあるため、このようなツールを随時使用してプロジェクトにおける優先順位を常に見失わないように意識しています。

なお、デジタルバリューでは高度ＩＴ人材を積極的に採用するとともに、北國銀行のシステム部員だけでなく、業務主管部署の行員も兼務出向という形で受け入れ

トレードオフ・スライダーのイメージ

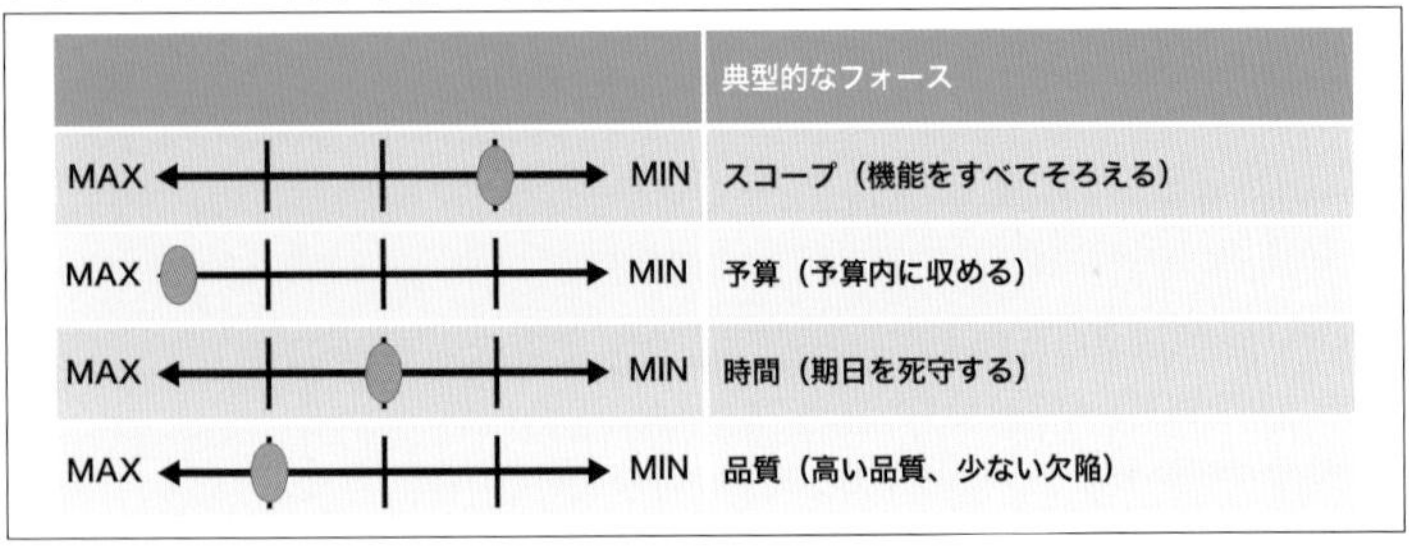

ています。これにより、業務とシステム両面で検討すべき事項のすべてをデジタルバリュー内で一気通貫で行うことができ、品質と生産性の両立に大きく寄与しています。

テスト自動化で高い品質と生産性を両立

もう1点、アジャイル開発を使って行う生産性向上の取り組みで大切となるポイントを紹介します。

アジャイル開発では、ドキュメントも大事ですが、動くソフトウエアをより重視します。動くソフトウエアを短期間でリリースする必要があることから、自動化できる工程を可能な限り自動化して人為ミスの発生を防ぎ、開発効率を上げます。特に、テストフェーズにおける自動化の効果は非常に大きく、システムの品質と生産性を両立させる上で重要なポイントとなります。最初にテスト用のコーディングを行う手間が発生しますが、一度コードを作成してしまえば、いつでも何度でもテストができるため、結果として、品質を維持したまま開発効率を上げることが可能です。

また、アジャイル開発における品質を担保する手法として、テスト駆動開発（Test Driven Development）という方法があります。テスト駆動開発は、初めにテストコードを書いてからプログラムを実装する開発手法であり、バグを早期に発見できるため、後工程での手戻りが少なくなります。さらに、追加実装の際の無影響確認テストも容易に行うことができ、品質向上につながるというものです。

このほかにも、継続的インテグレーション／継続的デリバリー（CI／CD）といって、プログラムの変更を常時、実行可能な状態でテストし、自動で本番環境へ反映するツールもあります。アジャイル開発の場合はリリースの回数も多くなることから、CI／CDツールによる自動的なビルド・テスト・デプロイの仕組みが品質および生産性の向上には欠かせません。

アジャイル開発の世界には〝Don't just do agile. Be agile.〟という有名な言葉があります。アジャイルとは「やるもの」ではなく「なるもの」であり、チームメンバーが自律的にプロジェクトを運営するイメージの組織になる必要があります。

北國銀行やデジタルバリューでも、当初はアジャイルとウォーターフォールの良

北國銀行が利用するテスト自動化ツールcypressの画面イメージ

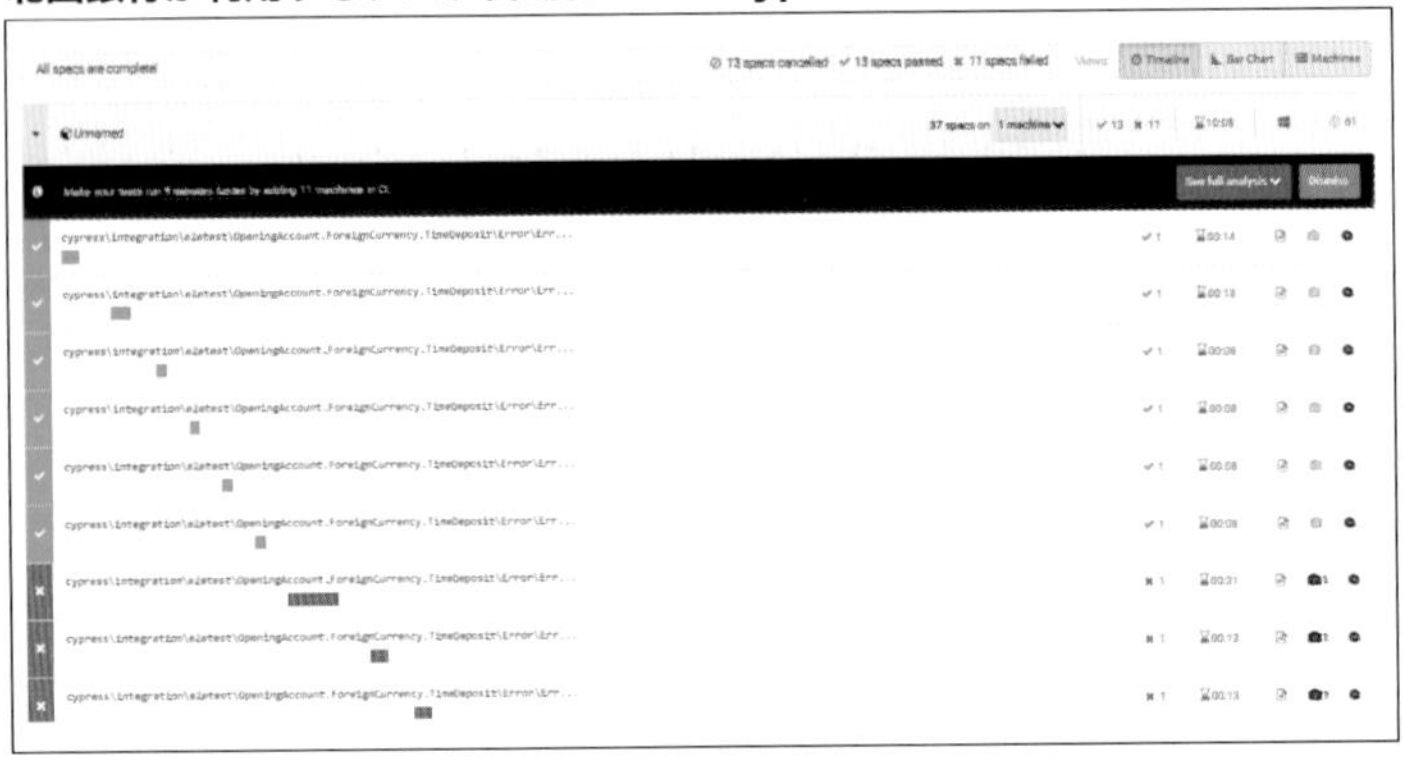

いとこ取りを試してみましたが、組織やマインドが追いついていない状況では成功には至りませんでした。そこで、「アジャイルソフトウエア開発宣言」や「アジャイル宣言の背後にある原則」に書かれたマインドの養成に重点的に力を入れ、さまざまな外部研修などを通してアジャイルな組織になることを目指しています。

　マインドチェンジはＩＴ部門だけに限った話ではありません。業務主管部署の行員もアジャイル研修を受講し、アジャイルのマインドを学習しています。その上で、これらの開発手法やツールなどを活用して、銀行全体としての品質と生産性の両立に取り組んでいます。

(4) 心理的安全性とコミュニケーションの重要性

縦割りの弊害が顕著だった改革前

改革が始まる2000年以前の北國銀行は、現在の姿とは全く異なる企業でした。縦割り意識が強く、それぞれ自部署の都合を優先して業務を進めるため、部署間の対立は日常茶飯事だったように思います。いつの間にか顧客が置き去りになり、誰のために仕事をしているのか分からなくなってしまうことさえありました。

担当者が課長を飛ばして部長と話をすることは簡単ではありませんし、部長の了解を得ずに他部署と話をすることもできませんでした。行員一人ひとりがお客様のために、地域のためにと使命感を持って業務にあたっても、組織内での乏しいコミュニケーションが壁となって立ちはだかり、実現できない虚しさだけが募る日々を送っていました。

当時、何か新しいことを始めようとするとき、起案から決裁までのリードタイムが相当に長かったと記憶しています。担当者と課長、課長と部長の間で何往復も書類のやり取りがあり、部署内での合意形成に時間を費やしていました。背景には、部下に高い完成度を求める上司の姿勢、また、それに応えようとする担当者の意識があったように思います。

部署内での合意を経て関係部署との調整に入りますが、ここでもまた時間を食いました。お互いに自部署の利益を優先する意識が強く、どうしても調整に手間取ったからです。ようやく関係部署の合意も得て、いざ役員への根回しを始めると、今度は担当役員間の調整に苦労するケースにも遭遇しました。

下から上へ、それぞれの段階で相当な時間と労力をかけながら合意を形成するのが当たり前とされ、実際、20年ほど前まではそれで何とか回っていたのです。ところが、世の中の変化が激しく、ビジネスのスピードも高速化している現在において、こんな化石のような意思決定スタイルが通用しないことは言うまでもありません。

それが、改革が始まって以降、組織としての意思決定において「全体最適」と「エスカレーション」が徹底されました。各部署が最適だと考えて提案したことが、組織全体で諮ると通らない事例が散見されました。提案した側が「正しいはずなのになぜ?」と自問自答を重ねながら、次第に個別最適と全体最適を理解して、常に全体最適の視点で業務にあたるように変わっていきました。

部署間の連携で横串を刺すときも、常に全体最適が意識されるようになりました。調整がうまくいかない場合や協議事項が発生した場合は、すぐに経営陣までエスカレーションされます。経営陣は、協議事項の論点について議論を尽くし、スピード感を持って決裁していきます。担当部署に抱え込ませず、経営陣が責任を持って意思決定をする姿勢が、組織改革やビジネスモデルの変革にスピードを与える大きな力になったことを実感しています。

コラボレーションツールで活発に議論

ただし、全体最適やエスカレーションが必要なのは、縦割りの組織であることの裏返しなのかもしれません。今の北國銀行は、すべての施策をプロジェクト単位で進めています。それを可能にしたのが、コラボレーションツールである「Microsoft Teams」の活用です。担当者から経営陣まですべての関係者がチームに参加し、情報共有と議論はTeams上で行います。協議事項もチームの中で議論し、スレッドには論点に対するそれぞれの意見が書き込まれていきます。

関係者の中には経営管理部門や監査部門の担当者も含まれており、リスクへの対

トップマネジメントもTeams上で活発に発信する北國銀行

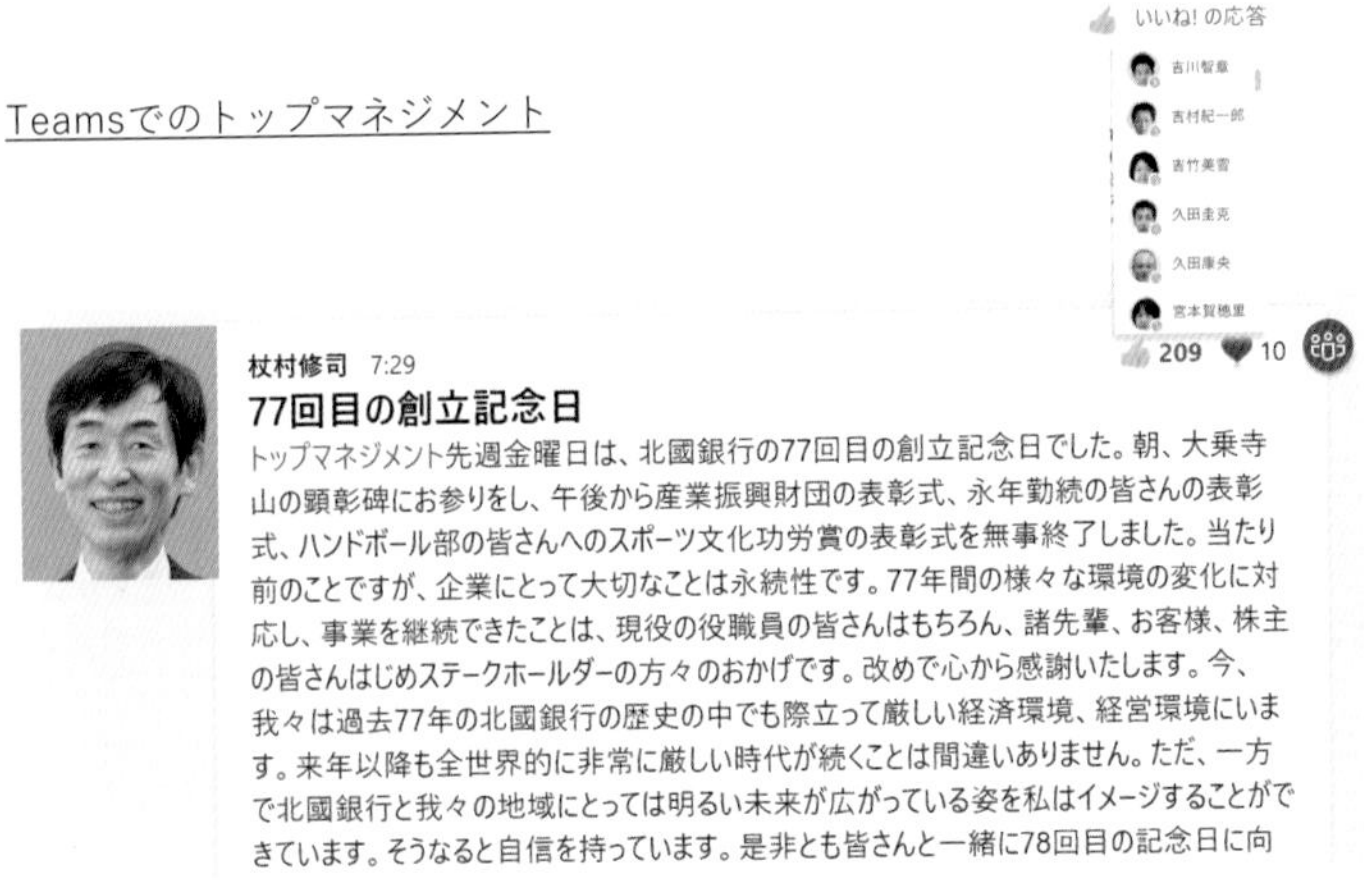
Teamsでのトップマネジメント
いいね! の応答
209
10
杖村修司 7:29
77回目の創立記念日
トップマネジメント先週金曜日は、北國銀行の77回目の創立記念日でした。朝、大乗寺山の顕彰碑にお参りをし、午後から産業振興財団の表彰式、永年勤続の皆さんの表彰式、ハンドボール部の皆さんへのスポーツ文化功労賞の表彰式を無事終了しました。当たり前のことですが、企業にとって大切なことは永続性です。77年間の様々な環境の変化に対応し、事業を継続できたことは、現役の役職員の皆さんはもちろん、諸先輩、お客様、株主の皆さんはじめステークホールダーの方々のおかげです。改めて心から感謝いたします。今、我々は過去77年の北國銀行の歴史の中でも際立って厳しい経済環境、経営環境にいます。来年以降も全世界的に非常に厳しい時代が続くことは間違いありません。ただ、一方で北國銀行と我々の地域にとっては明るい未来が広がっている姿を私はイメージすることができています。そうなると自信を持っています。是非とも皆さんと一緒に78回目の記念日に向

応策を業務部門と一緒に考えます。議論を尽くし合意形成ができれば、決裁権限者がチームとしての結論を出します。議論の過程や決裁の内容は、経営陣もTeams上で共有することから、常にエスカレーションされた状態で施策が進んでいくことになります。

これまでの北國銀行は、会議やミーティングでの対話により意思決定を行ってきました。対話の重要性を否定するものではありませんが、会議の場では職位が上の人たちばかりが発言し、その考えに引きずられる傾向がなきにしもあらずでした。職位が下の人は上位者の顔色をうかがいながら発言するといったように、忖度の意識が働いたのかもしれません。

それがお客様のための意見であっても、序列を超えて発言するのはなかなか勇気のいるものです。しかし、これからはTeams上、すなわちサイバー上でのコミュニケーション頻度が高まりますから、対面のコミュニケーションと違って場の空気が読めない一方、忖度が入り込む余地も少なくなります。

求められるのは、文章だけで論理的に過不足なく説明して相手を納得させる能力や、それぞれの立場から出された意見をまとめる力でしょう。サイバー上の議論を見ていれば、職位の上下を問わず誰がチームの成果に貢献しているのか一目瞭然となるでしょう。

今や役員とも絵文字でチャット

社長や役員とコミュニケーションを取りたいとき、あなたならどうしていますか。「直接メールを送っている」「秘書に社長のスケジュールを確認して時間を確保してもらう」「そもそも、社長と直接話すことなんてできない」など、組織の文化や風土によってきっとさまざまだと思います。

過去の北國銀行も、役員と会話するのは部長か課長までで、秘書に予定を確認した上で役員室を訪れていました。それが、これまでの改革の結果として、社内の雰

業務フロアで行員と積極的にコミュニケーションをとる経営陣

囲気や行員の意識が変わり、役員と担当者の距離が相当縮まったように感じます。その契機となったのが、２０１４年11月の本店の新築移転でした。

移転前の旧本店は部署ごとに壁で仕切られ、各部に設けられた部長の個室には近づきがたい雰囲気がありました。役員フロアに至っては、高級そうな絨毯が敷かれて静寂に包まれ、一般の行員が足を踏み入れるところではありませんでした。改革が進むにつれて部署間のコミュニケーションは徐々にスムーズになっていきましたが、やはり物理的な壁の存在が心を通い合わせる上での障害物になっていたように思います。

さて、新本店ビルでは7階から10階にある本部執務室のスペースは、すべてオープンフロアの設計で壁は一切ありません。フロアの各所に複数のミーティングスペースがあり、常に誰かがミーティングをしている風景が当たり前となりました。さらに、役員は6階にある役員フロアの自室から7階～10階のフロアを縦横に行き来し、部長や課長のみならず担当者ともフラットにコミュニケーションを取ります。会議やミーティングでの対話はもちろん重要ですが、ちょっとした立ち話でのコミュニケーションも、価値観を共有するのに大きな役割を果たしていると思います。

また、役員が顧客訪問をする際には各営業店にも立ち寄り、現場の行員とも積極的にコミュニケーションを取っています。トップをはじめとする役員の存在を近くに感じ、北國銀行の価値観を共有することが、組織能力をさらに向上させる力になっていくはずです。

北國銀行は2011年にグループウエアを刷新し、行内の情報共有とコミュニケーション量の増加を推進してきました。人事情報やインサイダー情報を除き、すべての行員に情報がオープンとなっています。役員スケジュールもそのひとつで、空いている時間にミーティングを入れることもできます。グループウエアで社内メールを役員に送ることも当たり前で、ちょっとした相談事でも役員を含めた関係者にメールを一斉送信しています。

こうすると必ず誰かが反応し、みんなで解決策を考えようと動き出すものです。今では、昔のように下から上へ職位通りに報告が上がることは少なくなり、トップを含めた関係者が情報を同時に共有する仕組みが確立しています。「なぜ自分に先に報告しなかったのだ」と不満を漏らす上司は、もういません。

さらに、Microsoft Teamsを活用し始めてからは、社内メールに代わってチャットでのコミュニケーションが主流になっています。メールを使っていた時代は、暗黙の了解のように「お疲れさまです」から始まり、締めくくりは「お忙しいところ恐れ入りますが」「何卒よろしくお願いします」など、堅苦しい紋切り型の言葉が並んでいました。

それが、コミュニケーションツールがメールからチャットに変わり、「いいね！」や絵文字の効果もあって、裃を脱いだフランクなコミュニケーションになったと感じます。「いいね！」や絵文字は、行員から役員へのチャットでも気がねなく使われています。

誰が何を言っても許容する文化に

　行員の誰もが役員とフラットにコミュニケーションを取るには、「心理的安全性」の担保が大前提となります。心理的安全性という言葉は、グーグルが生産性向上に取り組んだ「プロジェクト・アリストテレス」のキーワードとして知られています。チームのメンバーが自分自身をさらけ出し、周囲に過度に遠慮することなく発言、行動できる雰囲気の職場こそが、強く生産性の高いチームの秘訣だというのです。

　以前の北國銀行に心理的安全性があったかというと、残念ながらそうではありませんでした。それを強く意識するようになったのは、組織改革とビジネスモデルの変革を志向して以降のことです。もはや、トップダウンだけでは改革にも限界があり、多様な価値観や意見を尊重しながらみんなで議論をしていくべきだという考えに変わっていったからです。

心理的安全性とコミュニケーション

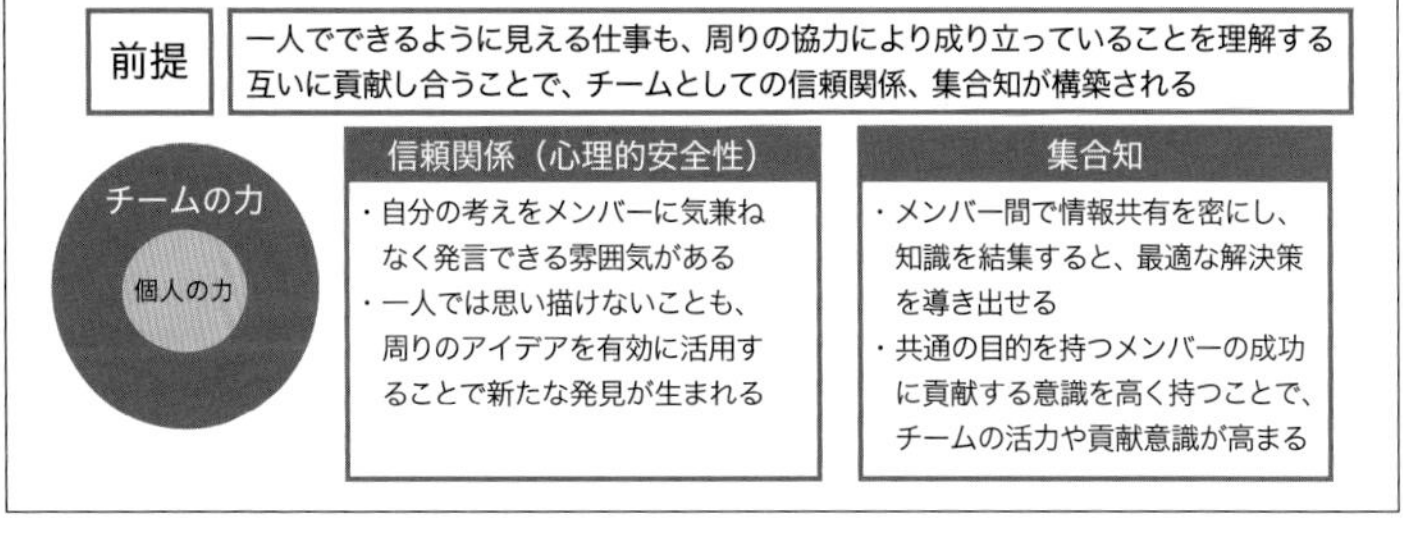

前提
一人でできるように見える仕事も、周りの協力により成り立っていることを理解する
互いに貢献し合うことで、チームとしての信頼関係、集合知が構築される
チームの力
個人の力
信頼関係（心理的安全性）
・自分の考えをメンバーに気兼ねなく発言できる雰囲気がある
・一人では思い描けないことも、周りのアイデアを有効に活用することで新たな発見が生まれる
集合知
・メンバー間で情報共有を密にし、知識を結集すると、最適な解決策を導き出せる
・共通の目的を持つメンバーの成功に貢献する意識を高く持つことで、チームの活力や貢献意識が高まる

ただし、上司が突然、今日から自由に意見を出してほしいと部下に伝えたところでうまくはいきません。それまで、いくら意見を言っても受け付けず、否定することさえ珍しくなかった以上、それは仕方のないことです。上司と部下、チームのメンバー同士の信頼関係がなければ、忌憚なく意見を出し合う心理的安全性はあり得ません。

北國銀行でも、コミュニケーションの量と質を着実に向上させてきた結果、ようやく心理的安全性を担保できるようになりました。「すべての職場でできているのか?」と突っ込まれれば、まだ完全ではないかもしれませんが、確実に雰囲気は変わってきています。職位を問わず、さまざまな価値観を持った行員同士がコミュニケーションとコラボレーションを継続することが、お客様に新たな価値を提供することにつながるとの手応えを感じています。

第4章 あるべきシステム戦略とエコシステム

ハイブリッドクラウド達成を目標に

経営の観点から、システム部門の観点から、あるいは業務部門の立場から何をどのように行えば、ITは打ち出の小槌たり得るのでしょうか。北國銀行では200年から現在に至るまで、「CRM組織能力再構築プロジェクト」と題するプロジェクトを皮切りに、数々のITプロジェクトを進めてきました。「マーケティング顧客DB構築」「収益管理システム」「CRMシステム」「e-ラーニング」「帳票電子化システム」「勘定系移行」「営業店システム」「グループウエア」「インターネットバンキングの内製化」「サブシステムのリフト&シフト」など、そのIT投資総額は数百億円に上ります。

2015年くらいまでは社内向け、内向けのDXに注力しました。生産性の向上、省力化、組織能力強化がその目的です。2016年以降、現在に至るまでの重点は、お客様向けのDXです。それは、「北國銀行自身がフィンテック会社になる」を大命題としているからで、そうでなければ価値観と目的を共感、共有するフィンテック会社とコラボしても、迷惑をかけるだけになってしまいます。それより以前に、競合のフィンテック会社と競争する土俵にさえ上がれないでしょう。

「北國銀行はコスト削減意識が強いからクラウド思考なのだ」「シフト（既存システ

ムをクラウドに移植する）しても、そんなにコストは下がらないし、リスクが増大するだけだ」という論調もいまだに聞こえてきます。

現在、北國銀行がより重視するのは、カスタマーセントリックな会社です。細かい話を端折って申し上げれば、クラウドベースのアーキテクチャーをコアに置き換えることで、ソフトウエア開発のスピード、生産性、何より大切な品質のすべてを10倍以上に向上させることが可能になります。10倍以上の前に「最低でも」と付けてもよいくらいです。

オンプレミスであるとか、どのパブリッククラウドかという議論ではないのです。行き着く先はマルチクラウドであり、ハイブリッドクラウドが最適解だと思います。北國銀行では、遅くても24年までに８割から９割程度まで達成しようとしています。

もちろん、この目標を達成するためには、経営陣の意識改革から始まり、業務側、システム部門に至るまで、すべての行員の意識改革と業務改革がまず必要不可欠です。そして、最終的にはＩＴベンダーといった他社を巻き込んだ意識改革、業務改革が必要になってきます。

(1) システム戦略における課題

IT投資の意思決定が困難な原因

経営者や経営企画部門の最大の悩みは、IT投資の質と規模の意思決定だと思います。その背景には、経営、経営企画や業務部門とIT部門との分断があります。システムの詳細や技術的なスキルの欠如、投資効果が非常に測りづらいこと、投資金額の妥当性の判断が難しいという点が、分断に拍車をかけていることも想像にかたくありません。北國銀行内でも以前は、「保守切れだからやむを得ない」「通常の3割引だから妥当だろう」、あるいは「日本を代表するA社の提案だから、他行と比べて妥当だろう」といった議論が多かった気がします。

一方、営業系のシステムや人事、経営管理のシステムについては、業務部門主導でIT投資の計画を実行するケースが多いでしょう。そもそも業務担当者は、大きな課題があるからこそ「何とかITで解決したい」と思い、IT投資が最優先であると主張します。

このように業務部門主導で性急にシステムを導入する場合、全体的なシステムに対する影響が甚大になるケースが多く見られます。なぜなら、第３章でも記載しましたが、開発を担うシステム部門の地位が社内の力関係から相対的に弱く、性急な開発によってテストの人繰りはもちろん、要件定義の時間さえ削られる場合が多いためです。

業務部門は期日に間に合わせることに注力するあまり、内包されるシステムリスクの大きさに全く気づかないことが珍しくありません。結果、システムトラブルが発生しやすくなり、その責任は一義的にシステム部門に負わされます。

システム部門はある種、被害者ともいえ、リスクを回避するために自然と大手で著名なＩＴベンダーに頼る意識が強くなります。誤解を恐れずに言えば、システム部門はＩＴベンダーへの発注屋の場合が多く、もしトラブルが起きても「Ｘ会社の開発です」と説明することで、免罪符を手にすることができます。

パラダイムシフトの見地でコスト削減を

ＩＴ投資はコストが見えにくく、割高であるというイメージが定着しています。無理にコストを下げるために、Ａシステムを10億円で行うという投資が、発注前の社内決裁の段階で「7億円で同じことをやってくれ」との条件が付いたという某社の話を聞いたことがあります。

コスト削減というと、「相見積もりを取って比べればいいじゃないか」とか「精緻なRFP（提案依頼書）を作って入札だ」という単純な考え方が、まだまだ多いのも現実です。しかし、コスト削減はもちろん、システム開発はパラダイムシフト的な見地から考えないと、もはや不可能だと思います。

つまり、システムベンダーとの契約のあり方や開発方式の限界、システムリスクの許容度を議論するところがスタートラインだと思うのです。「請負契約以外の方法は」「アジャイル型を加味していくことは可能なのか」「稼働率はどの程度を許容範囲にするのか」といった論点です。それは、システム部門の位置付けと外部のIT会社との関係をも見直すことを意味しています。

全体最適に重要な業務要件定義

開発工程で、業務要件定義ほど重要なものはありません。DXの下では、アジャイル型の開発手法でなければならないとの論調も間違いでないでしょう。ただ、それほど単純なものではなく、構築するシステムに合わせて、双方の手法の良い部分を採用したミックス型を取り入れることが最適解であると考えています。

とにもかくにも、ウォーターフォール型であろうがアジャイル型であろうが、この業務要件定義が最適なものであれば、IT投資は半ば成功したといっても過言ではありません。逆説的に言えば、ここでの勘違いや偏った考え方、思い入れが即、プロジェクトの失敗に直結するということです。

業務に携わる担当者にとって、現在の自らの部門の課題は詳細まで把握できています。その業務に携わった年数が長い分だけ、広い範囲で深く課題を整理しているのです。それを解決すべく、業務の要件を定義していく。コストはさておき、要件がどんどん積み上がっていき、でき上がった時点ではその部署にとって最適なものになるでしょう。ただ、いくら効率の良いオペレーションを実現したとしても、ほかの業務部門から見れば逆に煩雑になったり、IT導入前より不便になったりすることが多々あるのです。

数年後、その部署の担当者が異動でほかの部署に移った結果、システムのメンテナンスさえできなくなるケースが散見されます。理由は、「複雑に作り込んだがゆえに、環境の変化や要件の変化に柔軟に対応できない」です。しかも、各部門の担当者が専門家として優秀であればあるほど、その度合いは強くなるように感じます。

日本は欧米に比べて、どの業種でもカスタマイズの割合が高く、パッケージソフトに業務を合わせるといった全体最適のシステム作りが遅れていると聞きます。業務の標準化を図り、他社で導入しているパッケージをそのまま受け入れ、全体最適のシステムを作れば、コスト削減と高品質のプログラム、スピードのあるシステム作りが可能になるケースが多いにもかかわらずです。また、差別化すべき業務とそれに伴うシステムは、最新のアーキテクチャーをベースに一からスクラッチで自ら作るという選択肢も広がります。

システム部門に責任転嫁しない企業文化

プログラムバグに起因するシステム障害の原因を探ると、そのほとんどがレビュー不足やテストケース漏れ、想定していないケースに集約できます。経営者あるいは業務部門からすれば、システム部門の怠慢とか、なぜすべての想定されるケースをテストしなかったのかと短絡的に考えます。そして、全面的にシステム開発者の責任としてしまいがちです。

一方、システム部門の悩みは深刻で、複雑なあるいは大規模なシステム開発の場合、その約半分の期間をテストに充てないとミッションクリティカルなシステム開発は不可能といってもよいほどです。確かに、システム運用部門はさまざまな提案や提言を行ってシステム障害の芽を摘んでいくことができ、開発部門のプログラムの品質やテスト検証のレベルでも障害率の低減はできるはずです。

しかし、最も大切なことは業務部門との協業であり、融合のはずです。北國銀行でも、数十年前まではシステム障害がひとたび発生すると、対応のすべてをシステム部門に押し付けていました。安定稼動が当たり前で、「障害が起こるのはシステム部門が悪いからに決まっている」という単純な発想からです。会社全体がそういう文化だと、システム部には常にマイナス評価がつきまといます。システム部員のモチベーションも、いつまでたっても高くなりません。

いざ、システムトラブルが発生した際に、組織全体が役割に従って協業し、スピード感を持って対処できる。こういう組織こそが、「fail to safe」の仕組みと精神に満ちた素晴らしい組織であると思います。そして、トラブルに強いだけでなく、お客様志向の文化にあふれ、お客様志向のシステム作りができているはずです。

インフラ的IT投資の効果をどう測る？

「このシステムの導入で業務の効率化が進み、年間10人分のコスト削減になるので、2年で投資は回収できます」。こういう省力化目的で行うシステム投資の効果測定は容易です。一方、通信回線を大容量化するといったインフラへの投資や営業をサポートするシステム投資の場合、その効果を検討する以前に、「なぜ、そのIT投資が必要なのか」との問いに答えられない場合が珍しくありません。

最初から、「これはインフラ投資ですから、投資効果は分かりません」と開き直って投資を実行する例もあるでしょう。スタッフの心構えとして、「正確な数値が測れない場合は、表に出してはいけない」という不文律や企業文化があったりもします。「仕事は100%、100点を目指さなければならない」との強迫観念にとらわれがちな社員が多く見られるように感じます。

大切なのは、さまざまな前提を置いて数値を予測し、それをパラメーターとして動かしながらシミュレーションしたり、仮説を疑ってみたり、新たな仮説を作ったりという思考です。インフラ投資や営業のシステム投資の場合、それぞれのプロジェクト単位ではなく、いくつかのプロジェクトを束ねて年単位で「投資を行った場合」「投資をしなかった場合」で考察してもよいのです。

そして、投資を行った場合には、その効果を社員から定性評価を入れた満足度でチェックしてみる。数値の出しにくいものでも必ずトライして数値化し、それを議論の対象とすることが重要だと考えています。

(2) システム戦略と部門のあるべき姿(北國銀行のケース)

ポイントはカスタマーセントリック

「ＣＩＯは戦略パートナーであるべきだ」「ＣＩＯは経営とＩＴをつなぐ役割が重要だ」「経営と業務部門とＩＴ部門の連携が重要だ」「この3者でコミュニケーションを活発に取りＰＤＣＡを回そう」「個別最適ではなく全体最適システムを目指そう」などの主張を耳にされたことがあると思います。

しかし、それほど簡単に解決の糸口は見つかりません。フレームワークを取り入れてみても実効性が上がらない。「なぜ経営とＩＴは遠いのか」「なぜ部門間連携はできないのか」「なぜＰＤＣＡは回らないのか」「なぜ個別最適や縦割りが起こるの

北國銀行の新しい戦略体系

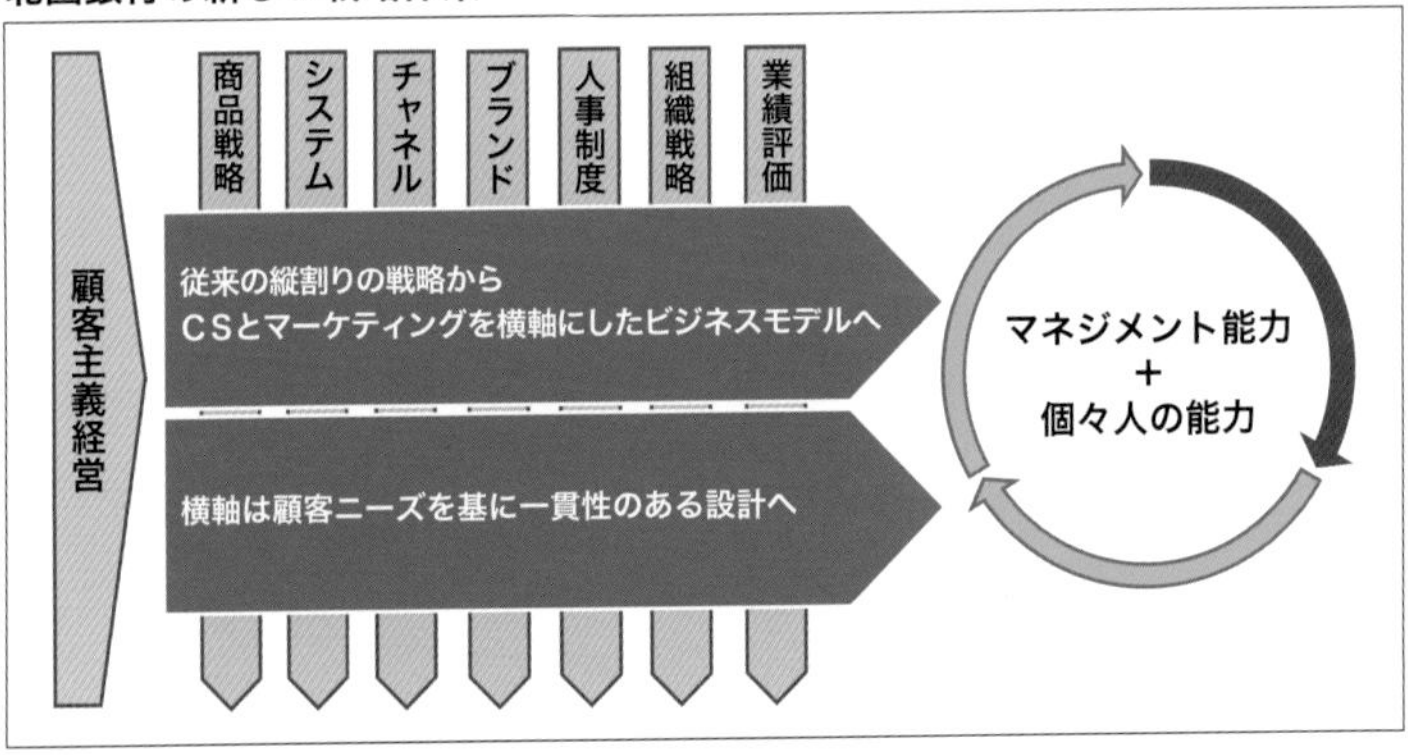

だろうか」などなど、戸惑いと悩みは尽きません。

やはり重要なポイントとなるのは、お客様のニーズを追いつつ、お客様のニーズを引き出し、お客様をも進化させたいというカスタマーセントリックな経営理念や経営哲学が社内に周知できているかどうかでしょう。そして、顧客主義経営を軸にして、さまざまな戦略を再構築することが唯一の解決方法であると思います。

お客様満足とマーケティングの考え方を中心に置きながら、単なる組織改革だけでなく、「システム部門のあり方」「IT投資の方法」「営業体制」「業績評価」「事業戦略」「人事制度」などのすべてを一気通貫で行い、全体整合の取れたものに変えていくこと。同時に、組織能力と個々人の能力により、常に試行と検証を怠らず、革新と進化をし続ける組織でなければならないのです。

その中でのシステム戦略と部門の目指すべき姿とは、「経営企画（人事企画含む）」と「IT企画」「業務」の融合であると考えます。これは、何も経営企画とIT企画を同じ組織にすべきだとか、CIOとCEOが同じであるべきだという主張ではありません。経営企画部門とシステム部門、業務部門は部長以下担当者まで、企画マンとしての共通したスキルを持ち、マーケティングや業務SEとしてのスキルも持って同じ土俵、同じレベルで議論ができることが理想です。

具体的には、システム部門は経営企画のあり方、経営企画部門はシステムを活用したビジネスモデルのあり方やIT企画のあり方について、互いに議論ができるということです。全体最適の観点から自由闊達に意見をぶつけ合う場を持続的にシェアできる企業こそ、DXを実行できる企業だと思います。

人材ギャップを補う組織能力を鍛える

人材育成も経営の最重要課題に違いありません。製品やサービスによる差別化は一時的に可能でも、すぐに類似の製品やサービスが出現し、価格競争に巻き込まれてしまいます。その帰結として、必ず「差別化は人でしかできない」という結論に達します。

北國銀行の人事戦略全体図

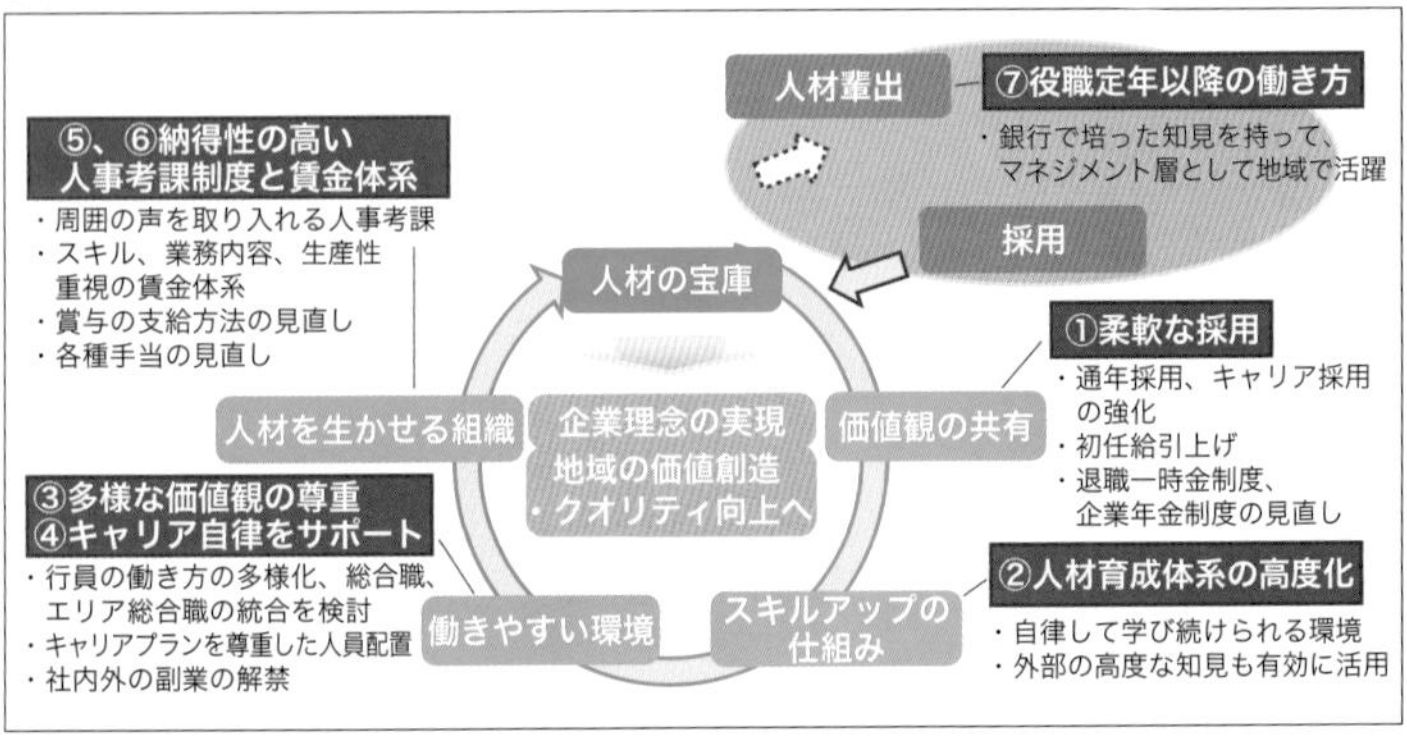

ほとんどすべての経営者や管理職は、人材育成の重要性に気づいています。そのために組織的な手立てを講じ、研修費を大幅に増やすなど、打てる手は即座に実行しています。にもかかわらず、人材不足や人が育たないという問題が解消されません。システム関連人材についても同様のことがいえます。

そもそも、これからの時代におけるシステム的なスキルとコミュニケーションスキル（英語含む）は、範囲と深さは異なりますが、もはや全社員の必須スキルと位置付けてよいでしょう。前述したように、システム部門と業務部門の業務の境界線を設けること自体がナンセンスです。全員が業務ＳＥになり、コンサルタントになることを前提にしたリカレント教育のカリキュラムを作るべきだと思います。

組織全体の力を向上させる方法には、次の２軸があります。「個々人の人材育成」と「組織能力の育成」です。個々の人材が非常に優秀でも組織能力が低いため、組織全体の力が弱い場合があります。また、個々の人材としては優劣や得意不得意はあっても、組織能力が高いために会社全体の力が強い場合もあるのです。

どんなに優秀な会社でも、組織の中で相対的に見て個々人の優劣や得意不得意は必ず存在します。そんな状態であっても、会社全体で見れば決して組織の総合力は落ちていない。それが可能なのは、組織能力を鍛えたことによる強みと言えるでしょう。

コミュニケーション能力を磨き上げる

システムのスキルアップというと、ＩＴスキル基準に基づきスキル管理を行えば良いという方向に走りがちです。しかし、もっと視野を広げ、視点を高くして議論し、システムに関する個々の人材育成プログラムを作成すべきです。それは、新入社員から役員に至るまでシステム的なスキルを明らかにし、個々人に合ったプログラムを提供していくことです。やはり、「ＯＮＥ　ＴＯ　ＯＮＥ」方式でないと人材教育は追いつきません。

個々の人材育成という点で強調したいことは、コミュニケーション能力の重要性です。あらゆるスキルのうちで最も大切であるといえるかもしれません。例えば、システム構築が単純な一人ひとりの作業でない以上、チームで個々の考え方や内容を理解して協働作業を行うしかありません。人は考えや主張に無意識あるいは意識的に必ずバイアスをかけるため、同じことを同じ言葉で10人が聞いていても受け取り方は驚くほど異なります。それが通常の姿であることを肝に銘じながら、コミュニケーション能力を磨くことが何より大切なのです。

最近、CEOにITの基礎知識は必須との論調も増えてきたように思いますが、これからはそんなレベルでは済まないでしょう。全役員から現場の支店長、法人RM、新入社員までに必須のスキルです。さらに、日本語はもちろん英語などの語学を含めたコミュニケーション能力を磨くプログラムも、全役職員に必須のものです。

真の差別化を実現する要件とは

個々の能力を高めたからといって、必ずしも組織全体の能力向上には結び付きません。部署やプロジェクトチーム、会社でも同じです。規模の似通った同業他社があるシステムを導入して成功したのを見て、「わが社も同じものを」といって失敗

個々人の人材育成と組織能力の向上

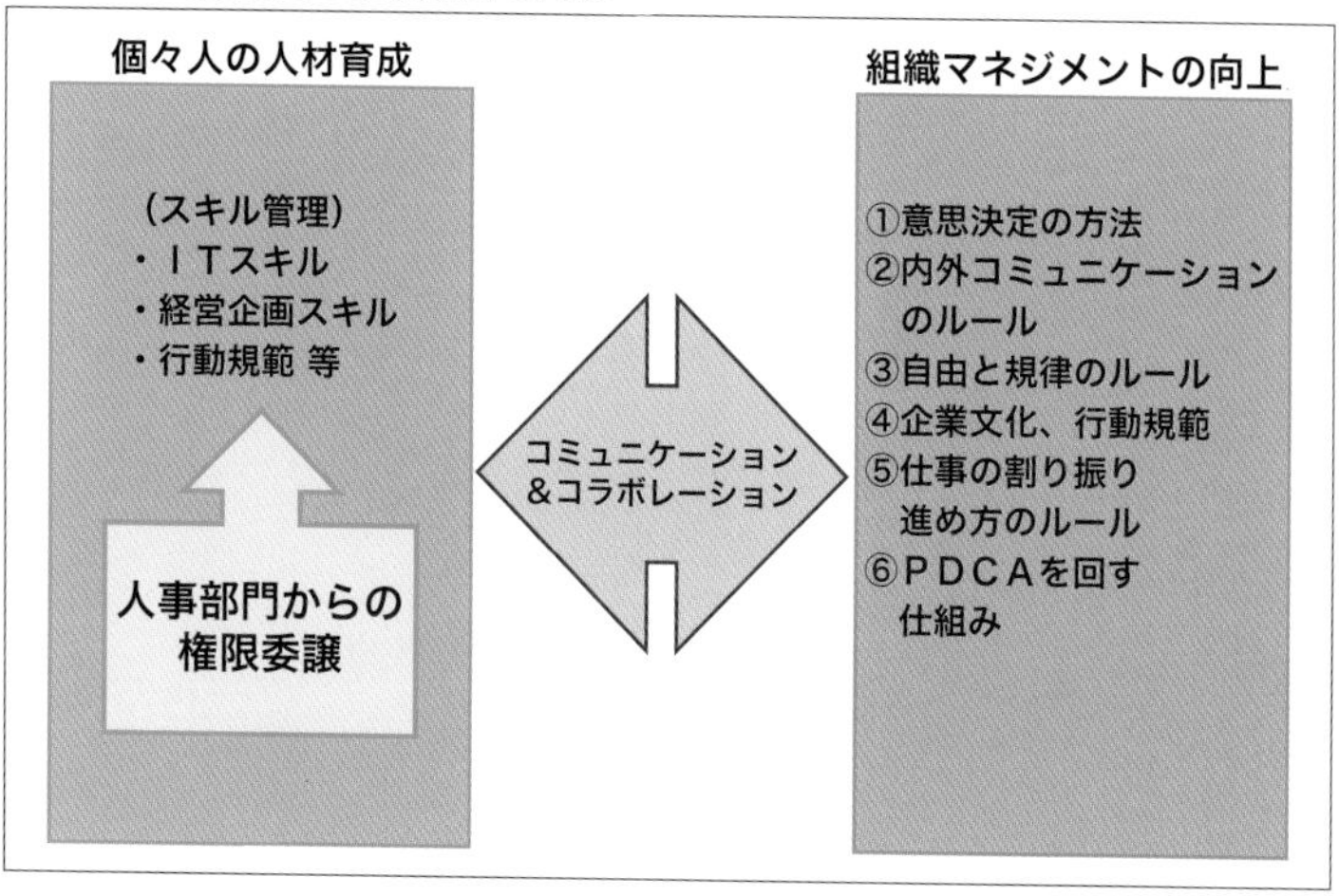

した事例は枚挙にいとまがありません。

確かに、従業員のモチベーションが高く、一生懸命に働き幸せである企業は、素晴らしい企業であることは疑う余地がありません。しかし、ハイパフォーマーと呼ばれるような秀でた能力を持ち、結果を出し続ける社員は、どの企業でもそう多くはないはずです。普通の社員、平均点の社員が全従業員の半分以上を占める中で、仮に事務ミスや不祥事が発生してもリスクコントロールが利き、統制が働いてお客様や社会に影響を及ぼさない組織作りが何より大切であり、やはりカギを握るのは組織能力だと考えます。

組織能力の定義については、いまだ定まっていないように見受けられます。そこで、第1章（3）「企業改革成功の秘訣」で紹介した組織マネジメントの観点から、①意思決定の方法、②内外コミュニケーションのルール、③自由と規律のルール（権限規定を含む）、④企業文化、行動規範、⑤仕事の割り振り、進め方のルール、⑥①〜⑤までを含めたすべての業務を回すPDCAの仕組み——と定義します。

これに基づいて、「IT関連、システム関連の意思決定はどうあるべきか」「要件定義のルールやコミュニケーションの取り方はどうするのか」「権限をどこまで業務部門に委譲するのか」「仕事の進め方をどのようにフロー図に落として周知徹底していくのか」をテーマに、経営企画やシステム企画として議論しながら方向性を定め、社員に周知徹底していく必要があります。さらに、組織全体の共通認識として浸透しているか、徹底度合いをモニタリングしていくのです。

一方で、環境やお客様動向なども常にモニタリングし、今度は組織能力が現状のままで十分かどうかを絶えずチェックしなければなりません。このサイクルを同業他社より速く回すことを、社員のDNAとして植え付けることができた企業は、真の差別化を実現できる要件を備えた会社といえるはずです。

自前のＩＴ人材を育てる意義と研修

単なるＩＴベンダーへの発注屋から、いち早く脱却した北國銀行のシステム部門には、明るい未来が開けていると確信しています。もちろん、それと同時に責任も重くなっています。ＩＴベンダーへの丸投げはなくなり、システムに関する成果物の責任は、外部のＩＴ会社からシステム部になりました。請負契約も、ＩＴベンダーへの責任転嫁もありません。

ＩＴベンダー側からは、今でも時々、「本当にそのような体制で間違いありませんか」と念を押されることがあります。担当者が「うちのリスク管理部門や法務部門が納得してくれない」とこぼすので、「北國銀行からそちらに責任転嫁しない旨の念書を入れましょうか」といった笑い話に近い例まで散見されます。

北國銀行では、システムトラブルの最終責任はトップマネジメントにあるとの認識が行内で共有されています。fail to safeや可用性、セキュリティ対策、万一のときのバックアップ体制の進化に終わりはなく、常に議論して改善していく体制が確立されています。このため、システム部門には悲壮感どころか、常に明るく楽しい雰囲気が満ちているように感じます。

これからのシステム部門強化のポイントについては、本や雑誌、インターネットを検索すれば多くの知見を得ることができます。巻末に参考推薦図書も記載させていただきました。

そこで、ここでは北國銀行における取り組みについて説明します。よくある議論が、「ウォーターフォールかアジャイルか」「SoRとSoEで開発体制が異なるのではないか」という論点です。いずれも、バランスであるというのが現時点での答えだと考えています。場面や開発プロジェクトの種類により最適化し、使い分けていくということです。

これまで、大雑把な要件を定義するだけだった業務側にSE的なスキルを身に付けてもらう、外部の会社に任せていたアーキテクトやプロジェクトマネージャーを社内で育てるといった試みを継続しています。これらは、2000年当時、システムの開発と運用のすべてをアウトソースした後、自社運営に戻してきた流れに沿ったものです。

技術力を軽視せず、自前のアーキテクトやプロジェクトマネージャーを育てることの効果は計り知れません。業務SEはもちろんです。社内で一定の型を定義し伝承していくのです。そのための研修は社内だけでなく、外部のシステム研修のコンサルタントも活用して多額の費用を投じています。ただし、自前主義といっても当然、さまざまな会社とのコラボレーションは行います。

北國銀行の現在の中期経営計画は「コミュニケーション×コラボレーション×イノベーション」というキャッチフレーズです。イノベーションは、発明とユースケースの組み合わせであるといえます。ユースケースは、お客様のニーズ、カウンターパーティーのニーズなど、コミュニケーションにより初めて考えつきます。どの組み合わせややり方が成功するかは誰にも分かりません。「じゃ、やってみよう」となったときに、プロトタイプで概念検証という、いわゆる社内ＰｏＣによる取り組みに頼るしかありません。そして、それを実行するためには最新テクノロジーを使うしかないのです。社内に業務ＳＥ、アーキテクト、プロジェクトマネージャーがいれば、簡単かつスピーディーに実施することが可能になります。

ＳｏＲとＳｏＥ、ウォーターフォールとアジャイルのメリット、デメリットを熟知した上での運用がポイントです。そして、そのノウハウは最後は社内だけでなく、北國銀行のお客様向けのＩＴコンサルティングにも応用していくことが可能になるのです。

北國銀行のＩＴ部門がＩＴベンダーへの丸投げから脱却すれば、ＩＴ会社はＩＴベンダーからＩＴパートナーになるという表現が適切だと思います。大手ＩＴ会社の方々には「不遜な」と感じられるかもしれませんが、それくらいの戦略、スキル、ノウハウが、北國銀行にも要求されていると思います。それに加えて、「同じ価値観と戦略を共有した上で、プロジェクトを進めましょう」ということも合言葉にしています。

互いが「情報の非対称性」を武器にして、価格競争に陥らないことも大前提です。あえて個社名は記載しませんが、そういうＩＴパートナー会社といくつもプロジェクトが進行していることを考えると、北國銀行のみならず、僭越ながら日本のデジタル分野の明るい未来を感じずにはいられません。

（３）事例としての北國銀行

システム関連の素朴な疑問と論点

意思決定や組織論の観点から、システム戦略のあるべき姿について紹介してきました。ここからは、より具体的な事例を提示しつつ、「リフト」「シフト」「マイクロサービス」「コンテナ化」というキーワードで、北國銀行の戦略のすべてを説明したいと思います。

「２０２４年までに『リフト』、つまりクラウドに既存システムを移植し、『シフト』、つまりクラウドに適した形にシステムを再構築する」。これが大命題です。そのクラウド上で動くシステムが、「マイクロサービス」や「コンテナ化」といわれる小さな単位に分割したシステム構造を持ったシステムです。

つまり、これまでと全く違ったアーキテクチャーの下でソフトウエア開発を行い、生産性、スピード、品質、コストすべてを劇的に向上させます。そのインパクトは10倍、20倍とも30倍ともいわれています。

フィンテックがなぜ怖いのかの答えとして、「デジタルで金融分野を侵食するから」「組織が若くてスピード感があるから」があります。確かに、どれも間違いではありませんが、彼らの一番大きな武器は、クラウドファーストなアーキテクチャーを身に付けていることだと思います。

特に、ここ十数年間、北國銀行ではシステム部門、事務部門、経営企画部門において、システム関連の素朴な疑問として多くの論点を挙げて議論してきました。そのうちのいくつかを例示します。

①営業店端末

営業店のテラーが使う端末は5年〜10年に1回、営業店端末プロジェクトとして更改します。北國銀行の規模で、30億円〜50億円くらいの投資規模となります。

過去には、更改で機能が大幅にアップする場合があったかもしれません。しかし、機能アップの有無にかかわらず、ハードウエアの保守切れやソフトウエアのバージョンアップなどの理由で、必ず必要となるプロジェクトなのです。

論点となったのは、「更改により何の効果があるのか」「なぜ、保守期限は10年なのか」「それほどの金額を投資する目的や効果はどれほどなのか」「なぜ、これが15年ごとではいけないのか」「そもそも、なぜ専用端末なのか。パソコンでは代替できないのか」「パソコンなら専用端末の5分の1か10分の1のコストになるのではないか」であり、「このプロジェクト自体が不要ではないのか」という疑問を抱きました。

②ＡＴＭ更改

紙幣が新しく発行されるならばともかく、なぜＡＴＭの更改を5年〜10年の間に行う必要があるのか。ひと昔前まで、ＡＴＭは1台の価格が５００万円〜６００万円といわれていました。最近では、その機能と入れ替えプロジェクトの規模や範囲にもよりますが、１台３００万円前後でしょうか。

それ以上のコスト削減は、ＡＴＭそのものの機能を絞っても難しいのでしょうか。完全に他社にアウトソーシングすることは、お客様満足度の観点やコスト削減から本当に有効なのでしょうか。そもそもＡＴＭの機能をこれ以上向上させることは、キャッシュレスやインターネットバンキングのサービスレベルを上げていく中で本当にお客様のニーズなのでしょうか。

③インターネットバンキング

これから、インターネットバンキングがますますコアなシステムになっていきます。この中で、「ＡＳＰ（アプリケーション・サービス・プロバイダー）といったほかの金融機関の同じサービスを共同センターで運営する方法や、その派生的な方式以外に選択肢はないのか」「ＡＳＰはスピードとコスト、そしてお客様ニーズの観点から最適解なのか」「お客様ニーズの観点から、スピード感を持って、さまざまなメニューやサービスを搭載するために自前で開発、運用していくことは、技術面、コスト面から本当に困難なのか」を議論しました。

北國クラウドバンキングのイメージ

北國クラウドバンキング
画面が見やすい
生体認証で安全*1
アプリで素早くアクセス
いつでもどこでも
ワンタップ取引!
24時間
振込・残高確認可能*2
北國銀行あて振込手数料が
0円
基本手数料
0円
345,600円
*1:スマートフォンの機種等によります。*2:振込については、予約扱いとなる場合があります。
※「Happy!ライン」をご利用されている方は、新たにお申込することなく北國クラウドバンキングをご利用いただけます。※フィーチャーフォン(ガラケー)ではご利用いただけません。
※本サービスは海外からはご利用いただけません。※その他サービス内容の詳細はホームページにてご確認ください。

④ＣＲＭ、融資支援、人事システムなど膨大なサブシステム

ＣＲＭと呼ぶお客様情報システムと融資関連業務をすべて網羅する融資支援システム、そして、ＨＲＭを含む人事システムを筆頭に、ほとんどの金融機関では１００を超えるサブシステムが稼働しています。それぞれにオンプレミスのサーバーを立て、パッケージソフトありきで使用しています。

それをどこまでカスタマイズするかにより、システムテストの範囲も決定し、バグの発生の大小にも影響を及ぼします。カスタマイズすればするほどコストが増え、バグ発生の

リスクも大きくなります。パッケージソフトありきで構築すれば、カスタマイズを「する」「しない」にかかわらず、必ずバージョンアップやハード更改が伴います。

コストとリスクを秤にかけながら自社の戦略に合ったパッケージソフトを探し、「なるべくカスタマイズを少なく」という発想は当然です。ですが、それ以外の選択肢は全く存在しないのでしょうか。一から自社開発をするという選択肢、いわゆるスクラッチという方法は無謀なのでしょうか。

「人がいない」「ノウハウがない」「時間がかかりすぎる」という話はよく聞きます。人にスキルが付いてしまい、組織能力にならないとも漏れ聞こえてきます。

⑤外部接続や外部メール

「社員が社内で使用するパソコンをインターネットに直接つなげるなんて、絶対に許してはいけない」「一人ひとりにメールアドレスなんてとんでもない」「銀行たるもの外部とは絶対に遮断したシステムを使うべきだ」「パソコンの持ち出しなんてとんでもない。それが業界ルールであり、それ以外は金融庁も日銀も絶対に許してくれない。議論の余地がない」という論理が、北國銀行内では十数年前までは主流でした。

これは本当にそうなのでしょうか。ＦＡＴ ＰＣと呼ぶシンクライアントでない方法は果たして悪なのでしょうか。生産性を上げることとセキュリティを確保することを両立させるためには、シンクライアントの端末を採用するしかないのでしょうか。ＦＡＴ ＰＣを採用することはセキュリティの観点から許されないことなのでしょうか。

⑥システム稼働ルール（99・999％の是非）

「銀行のシステム稼働のルールは、最低でもファイブナイン。グループウエアも当然同じルールでやるべし」という意見やポリシーは、どこのルールで誰が言い出したのでしょうか。

もちろん、限りなく100％に近づけるべきだという主張に異論はないでしょう。ただし、9が一ケタ増えることで、あるいは減ることで、コストとリスクがどうなるのか、誰から見たどんなリスクなのかまで過去に議論を掘り下げたことがありませんでした。システムの可用性の議論を始めようというところが、北國銀行がクラウド利用を議論する際の出発点でした。

⑦勘定系移行

北國銀行のシステム会議でも、「勘定系を別システムに変えるのは大変なリスク」「失敗すればシステム担当役員の首が飛ぶどころか、最悪、トップの責任が問われる。絶対タブーの選択肢である」「ハード更改だけにして、勘定系を大幅に刷新し更改する議論は先延ばしにしよう」の繰り返し、先送り感が否めませんでした。一方、「どこに、どんな、どれくらいのリスクがあるのか」を深掘りする議論は一切なされていませんでした。

逆転の発想で、カスタマイズせずに勘定系を移行した場合、商品サービスを新しい勘定系に合わせる必要があります。その場合、お客様に与えるインパクトや事務部門へのインパクトを計算すれば、新しい展開が開けてきます。営業

北國銀行の勘定系クラウド化スケジュール

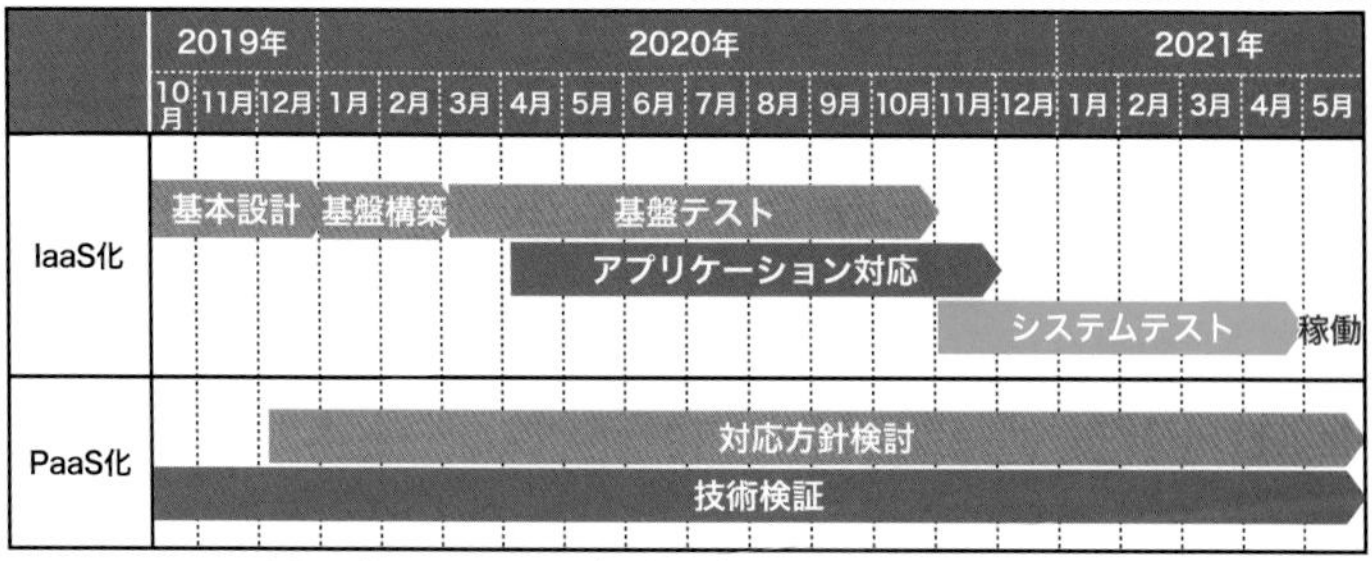

・2019年10月、IaaS化プロジェクト開始
・2021年5月にIaaS化完了予定
・2019年12月から次StepのPaaS化検討開始

部門や事務部門の大反対はあるかもしれませんが、システム的なリスクは激減するのです。

⑧オンプレミスとクラウド

「クラウドはとにかく危ない。やめておこう」「オンプレミスなら安心。最近はハードの価格も安くなった」「クラウドからオンプレミスに戻した例も最近、聞くようになってきた」「クラウドは運用コストが案外高いと聞く」「マルチクラウド（複数のクラウド提供会社のクラウドサービスで構成する）というけれど、かえって複雑になるかもしれない」「安易にクラウドに移行するのは危険極まりない。ホストコンピューターでさえも定価は以前の5分の1以下で、必ず揺り戻しがきてオンプレミスの時代が来る」「データを切り出しコピーしてクラウドに置けば、それなりにデータ活用ができるとみんなが言っている」。このように当初、クラウドについては議論百出の状態でした。

⑨システム会社と金融機関による陣営

「そもそも、システム会社を中心とした、あるいは大手金融機関を中心としたA社陣営、B社陣営、C社陣営というけれど、どこかに所属すべきなのか。それ以外は単独とみなされてしまうのか」「そもそも論として、その他の選択肢はないのか」「システムにおける業務提携を結べば必ずメリットばかりなのか。デメリットがあるとすればどういうところか」「メリットの詳細は」という議論も、行内では長年続けてきました。

（4）2024年に向けて北國銀行が目指すシステム像

サブシステムの9割以上をクラウドへ

以上の論点を踏まえながら、再構築した北國銀行のシステム戦略が目指す具体的な現場レベルのあるべき姿を展望します。紹介は、技術面よりも経営や業務側に軸足を置きます。

営業店の現場では、タブレットでお客様に情報を入力していただき、そのデータが直接、事務センターに飛び、あるいはタブレット以外のテラーが受け付けた手書

2024年に向けて北國銀行が目指すシステム像

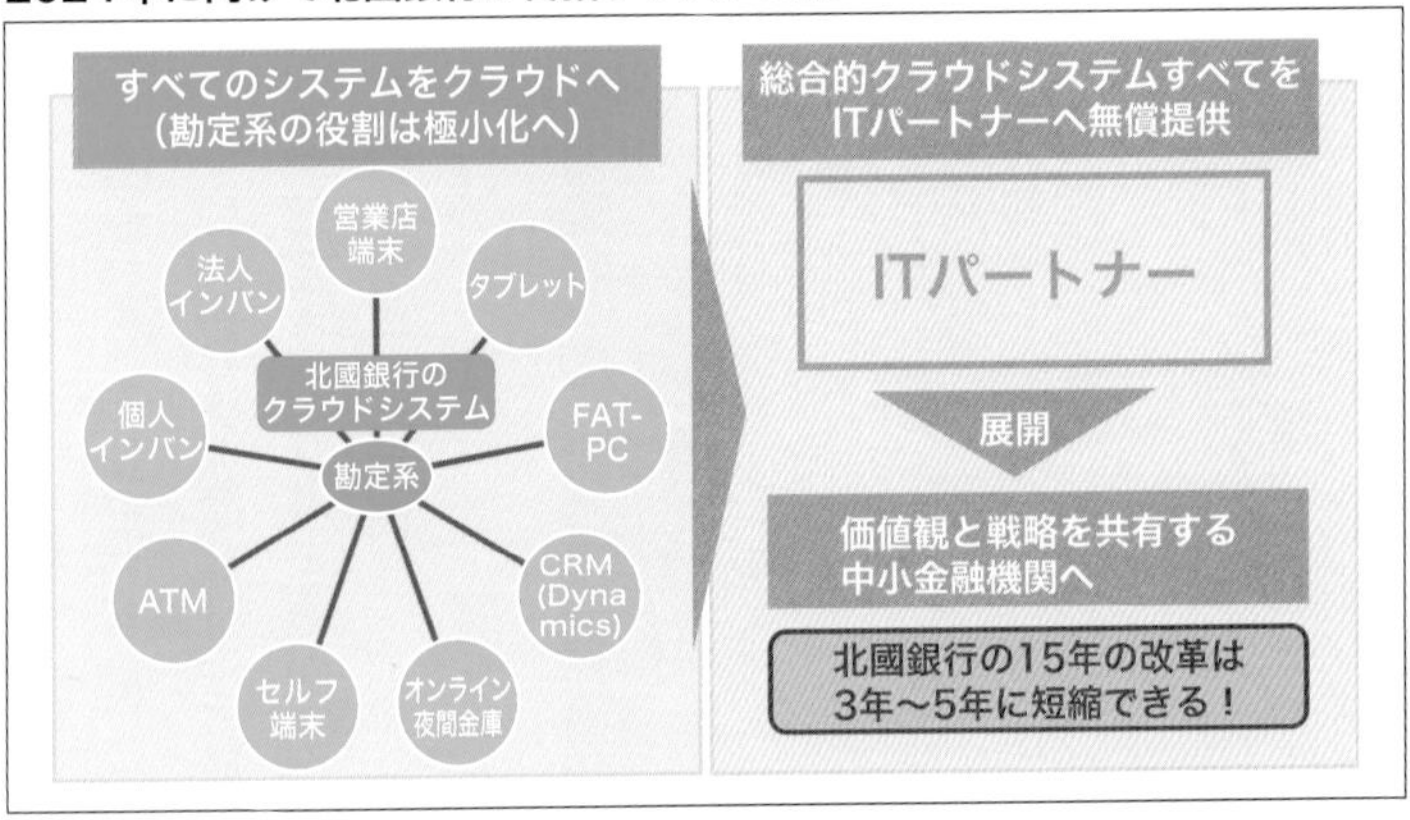

きによる伝票のデータも事務センターに飛び、営業店とは離れた場所で事務処理を行うようになっています。その結果を営業店のテラーに返すことで、営業店における２線、３線をなくすことができます。営業店端末は、すでに２０１５年から通常のパソコンで代替しており、営業店端末入れ替えプロジェクトはもはや存在しません。

２０２４年に向けては、店頭のタブレットと営業店端末が融合していきます。また、キャッシュレス施策遂行の成果により、各営業店にオープン出納機器が１台あれば必要にして十分です。テラー各自がキャッシャーを保有する必要はなく、また、通帳や伝票を印字するためにテラー各自が１台使っている、通電プリンターと呼ぶプリンターも必要がなくなります。

店内外のATMは2021年7月から順次、自前開発のATMに5年~8年かけて入れ替えを行います。自前のATMとは、「市販のパソコン+メーカー直接調達のキャッシャー+自前のソフト+地元メーカーと共同制作の筐体」で製造したものです。スマホアプリと連動した非接触の現金引き出しが可能になり、機能を順次、自前で追加開発できます。ATM入れ替えプロジェクトも、今後不要になります。

個人向けインターネットバンキングは2019年9月からスタートし、これも順次、自社開発で新しい機能を追加しています。法人向けインターネットバンキングのほうも2021年中に、ASPから自前のインターネットバンキングをクラウドで稼働させてスタートし、開発と運用の双方を自前で行います。お客様の利便性が向上するだけでなく、開発スピードが格段に速くなり、かつコストも抑えられます。

CRMと呼ぶお客様情報システムと融資関連業務をすべて網羅する融資支援システムは、統合して新CRMシステムとして2021年秋からスタートします。マイクロソフトのDynamics 365をベースに自社開発したシステムです。Azure上で稼働しますから、Teamsとの連携はもちろん、インターネットバンキングやお客様が使用するクラウド会計システムとAPI連携が可能になり、そのほかAIの使用も容易になります。

新ＣＲＭシステムは、電子契約はもとより事業性理解やコンサルティング部との協業やコンサルティングのノウハウを実装しており、本部と法人ＲＭや個人ＦＡとのコラボレーションはもちろん、生産性が2倍近く高くなるとの期待を持っています。

人事系のＨＲＭについては、クラウド上に自前で構築したシステムに２０２１年度から移行します。２０２２年4月に予定する人事制度の大改革をにらみ、その運用に適したシステムを構築する必要があるためです。

こうして、２０２４年までにサブシステムの9割以上をクラウド上に移行します。全くカスタマイズする必要のないグループウエアやコラボレーション、テレワークツール、給与支払システムなどではパッケージソフトを使用しますが、いずれもクラウドベースのソフトです。それ以外のサブシステムは自社開発とします。開発のスピードアップはもちろんですが、コスト面で格段の効果が見込まれます。

勘定系システムのＰａａＳ化で大きな恩恵

行員が使用するパソコンは２０２０年10月からすべてＦＡＴ ＰＣに置き換え、

内外一体化を終了しました。セキュリティも数段レベルを上げ、日々進化させています。クラウド上のＡＩを使用できるようになったことなどを含め、生産性に対する貢献は計り知れません。

そして、コラボレーションツールを社内だけでなく、他社とのプロジェクトや商談のツールとしても使用しています。まだまだ発展途上ですが、いかに他社と協業しお互いの生産性を上げられるかが、２０２４年に向けた最大のチャレンジだと認識しています。

お客様に全く影響を与えない銀行内のシステム稼働のルールの議論も活発化させています。これまで「最低でも99・９９９％のファイブナイン」が常識とされてきましたが、99・５％〜99・９％くらいを目安にすれば十分です。24年に向けて、99・95％〜99・９９５％の間でセグメント分けする議論を深めていきます。

勘定系を２０２１年5月、クラウドに移行し、２０２４年に向けてそのクラウドで稼働する勘定系システムのＰａａＳ化を図ります。これにより、コンテナ化と呼ぶクラウド特有の技術が駆使でき、開発手法や体制の抜本的見直しとシステムテストの自動化など、開発面、コスト面での大きな恩恵を享受できるようになります。

例外を除き、原則クラウドでのシステム稼働を基本としており、２０２４年には目標を達成できる予定です。想定する例外とは、全銀システムなど対外系のシステムが主なものです。また、システム会社との関係は、相手がベンダーでなくパートナーというにふさわしい関係を築きつつあります。

(5) 新しいフレームワークのシステムとは

クラウドファーストの大きなメリット

これまでは地域金融機関のシステムを考える場合、「どの陣営に入るのか」「どこの銀行、あるいはＩＴベンダーがリーダーシップを担っているのか」を基にしていたと思います。それ以外に選択肢がなかったので、ある種当然だったかもしれません。同時に、その選択肢から選ぶことは安定感があり、ノウハウをシェアできるというメリットもありました。その中で、北國銀行はそれ以外に本当に選択肢がないのかを模索する道に踏み出しました。

これから少なくない金融機関がクラウドを採用し、マルチクラウド、ハイブリッドクラウドの体制を取ることが想定されます。そこで、クラウドファーストの場合のメリットから、まず具体的にシミュレーションしてみましょう。

さまざまな戦略を短期間に実行しビジネスモデルを変革するためには、システムがついてこなければ何もできないのが現状です。例えば、これまで関心の中心にあった勘定系を移行しようとすると、１００を超えるすべてのサブシステムのつなぎについても、おそらく通信サーバーと呼ぶ中継サーバーなどを考慮しながらテストを繰り返さざるを得ない結果、膨大な作業とコストがかかっていました。

それがクラウドの登場により一変したのです。勘定系移行の際のデータの移行テストやカスタマイズの大小は、以前と同様、発生します。ただ、お客様への説明や理解でカスタマイズを最小限に抑えられれば、10～15回前後の移行テストですべてが終了します。なぜなら、すでに中継サーバーなしですべてのデータが同じクラウド上で稼働するからです。

気にすべきは、クラウドの運用コストだけです。営業部門は、カスタマイズを最小限に抑えるためのお客様への説明が大変だと主張するでしょう。しかし、お客様の視点から考えても、あっという間に過去の記憶になってしまいます。また、テストフェーズもクラウドなので、特別なサーバーを用意する必要がありません。「必要な領域を必要な分だけ使用」した分に課金される仕組みだからです。

インターネットバンキングや営業店端末の更改、ＣＲＭシステム、融資支援システムの更改、場合によってはＡＴＭ更改のプロジェクトさえ必要でなくなります。このように、クラウドにリフトしてシフトした環境のシステムを使用していくことは、10年以上のシステム戦略の遅れを一気に挽回する大きな武器となるのです。最後は、クラウド上で稼働するソフトウエアをどれにするかという議論と決断だけです。それも、すでにさまざまな選択肢とソリューションが出てきています。

シェアの発想で地域金融エコシステムを

最後に、これからクラウドの利用を検討される金融機関（おそらく北國銀行と同程度か小さい規模）の皆様向けに、ひとつの選択肢を提示できればと思います。それは、この本で説明してきたシステム戦略や価値観を共有、共感していただける金融機関向けに、「クラウド上で稼働するソフトウエアをシェアしていく」という新たな発想です。

当然のことですが、戦略や戦術を実行するために必要なプロセスやツールが、オペレーションでありシステムです。戦略や戦術、ましてや企業文化が類似していれば、オペレーションとシステムのカスタマイズの必要性はそれほどありません。そのまま使用できる場合がほとんどでしょう。当然ながらコストとリスクは驚くほど安く、低いものになるはずです。そこに戦略や価値観の共有、共感の重要性があります。

北國銀行では、中央集権とは異なる地域金融エコシステムが自然と構成できればと考えています。それは北國銀行中心ではなく、また誰が中心でもない、序列もなく、それぞれが自分の強みをシェアできる文化をベースにした集まりです。それは、「究極のエコシステムをシェアしていく」という思想です。

「そんなことが実際、可能か」と疑問に思われる方もいらっしゃるでしょうが、クラウドコンピューティングをベースにすればできます。こう申し上げても、まだ、「結局は北國銀行のシステムの囲い込み戦略ではないか」「課金モデルで自分が儲けるのだろう」と疑われるかもしれません。

北國銀行が地域金融エコシステムを実現するために考えるのは、ＩＴパートナーの方に総合的なクラウドシステムすべてを無償で提供することです。導入から先の実装や運用などは、各金融機関とＩＴパートナーの皆様とのビジネスになります。しつこくなりますが、北國銀行がこの件で開発費を回収したり、キックバックをいただいたりすることは決してありません。こうすることで、導入コストや運用コストも公明正大で、かつ検証しやすいものになるはずです。

実際、北國銀行は個人向けインターネットバンキングの販売権を放棄しています。販売する実力も人的資源もありませんし、これまで一緒に侃々諤々の議論を重ねながら苦労して開発にこぎつけたＩＴパートナーが販売権を所有するのが正当と考えるからです。

より良いシステムを地域金融機関みんなでシェアして進化するオープンマインドの時代を作らなければ、日本はますます世界の先進国から取り残されてしまいます。欧米に負けない地域金融機関でなければ、お客様や地域の発展もないと考えます。

令和の新時代、真の21世紀にふさわしい地域金融機関のシステムの考え方を日本で広げることは、地方創生にも大きく寄与することと思います。誰が中心ということでなく、皆様とシェアして育てる時代へ。そして、量ではなくクオリティの時代の幕開けだと信じています。

おわりに

今から20年ほど前になります。日本で有数の戦略系コンサルティング会社のパートナーの方から、「地域金融機関の経営は、資産規模が5兆円以下だと今後、合併しないと生き残れないのではないですか。ＯＨＲを50％台にできないでしょう」と言われたことを、つい昨日のように覚えています。確かに、分析結果では当時そう指摘されても仕方ありませんでした。

それに対して、「たとえ2兆円、3兆円の銀行（当時の北國銀行）でも、質で勝負できるお客様本位の会社になることを目指します」「理念や広告ベースで謳うだけでなく、組織の隅々まで『地域のため、人々の生活をより良くするため』とのポリシーが浸透すれば、クオリティバンクでありグッドバンクとしての最適解がありま す」と返答したことも、はっきりと覚えています。

令和の時代になり、資産規模の前提条件は変わりました。確かに、結果として量は大切です。しかし、ＩＴアーキテクチャーの劇的な変化により、地域金融機関もクオリティで勝負できる時代になったとの確信があります。事業規模への誘惑は、業界を問わず経営トップにあるはずです。しかし、その誘惑を断ち切りクオリティへ方針を転換することで、見えてくる世界は大きく広がります。

「規模が中堅以下の地域金融機関は規模の利益を目指すべきだ。合従連衡だ」という報道も少なくありません。選択肢のひとつだとは思いますが、北國銀行はこれとは異なる価値観とポリシーを持っていて、その考えに共感し、共有していただける輪が広がることを切に願っています。

◇　◇

5年ほど前、久しぶりシリコンバレーに行き、現地のある投資家と話をする機会がありました。北國銀行の新しい業務内容を説明しても、「それはすでにアメリカでは当たり前だ。スクエアも同じようなことを前からやっている。ユニークでもなんでもない」との手厳しい評価でした。

それにひるまず、北國銀行ではコンサルティング部が中小企業向けのコンサルティングを有料で行っており、「これをコアに、地域の活性化や生産性向上のお手伝いをするのだ」との説明もしました。するとその投資家から「単なるマッチングなら分かるが、そんな話は聞いたことがない。アメリカの銀行でもできていない。

とても興味があるし面白い」と、それまでとは全く異なる反応が返ってきて、かえってこちらが驚きました。

「独自のモデルを作ることが目的ではなく、カウンターパーティーみんなで知恵を出し合い議論し、とにかく進めていく」「結果として、それが新しいビジネスモデルになり、修正しながら進化させていく」「チーム内で部署内で会社内で、そして、さまざまな会社で地域同士で、と輪を広げていくことが、やがて大きなイノベーションにつながるかもしれない」と感じた瞬間でもありました。

北國銀行というと、最近ではＩＴが進んだ金融機関という報道が多いと感じています。ただ、私自身は、ＩＴだけでは生産性を上げコストを削減することはできても、事業としてのクオリティを上げ、お客様から「良い銀行だね」と評価されるエンジンとしては不足していると思います。やはり、最後は人です。知恵を出し合うにも、議論するにも、人材とネットワーク、コミュニケーションとコラボレーションが絶対に不可欠なのです。いかにストリートスマートな人材を育て、オーナーシップを持って働く人を増やすことができるかにかかっています。

もはや、コンサルティングはＩＴの知識なしでは成り立ちません。システム開発と運用の垣根がなくなりつつある今、業務側、いわゆる企画営業とシステム側という垣根もなくなりつつあります。その意味では、北國銀行のＤＸも弾みがついてきたのかもしれません。

◇　◇

よく、お客様から「どうやって人を育てているのか。研修体制を教えてほしい」との質問を頂戴します。社内教育に力を入れ資源も割いていますが、それだけでは追いつきません。外部の新しい知見を常に取り入れることを実践しています。

そのひとつが、20年近く前からオンライン教育を充実させているビジネス・ブレークスルー大学院（ＢＢＴ）やグロービス経営大学院の活用です。特に、ＢＢＴの大前学長と柴田社長にはコンサルティングだけでなく、リカレント教育全般とシステムの研修にも多大なご支援を賜ってきたおかげで、本当に社員が力をつけてきました。

日本ユニシスの平岡社長と葛谷常務をはじめ役職員の皆様のご指導がなければ、北國銀行のシステム戦略も絵に描いた餅でした。マイクロソフトには日本法人の社長が樋口様の頃から、多くの役職員の皆様の応援をいただいています。シアトル本社での沼本ＶＰをはじめとする皆様との議論の積み重ねが、ＤＸとシステムモダナイゼーションの原動力になったことは間違いありません。ＦＩＸＥＲの野村会長、松岡社長、アークウェイの森屋会長、漆原社長と役職員の皆様には、最先端のアーキテクチャー分野で多大なる知見をご教示いただきました。紙面を借りて、恐縮ですが厚く御礼申し上げます。

本書をまとめるにあたり、多くの方々にお世話になりました。出版元であるニッキンの宮岸社長、横田常務には上梓の目的をすぐにご理解いただき、快諾いただきました。執筆に関わった社員の皆様（巻末に紹介）はもちろん、特にライターハウスの杉村社長には、ご多忙のところ多大な労力と貴重なアドバイスをいただきました。心より御礼申し上げます。

繰り返しになりますが、日本の地方創生は地域金融機関の役割に負うところが大きいと思います。そして、ＤＸをその地域金融機関が率先して実行できれば、地域の未来も明るいはずです。本書が少しでも地域金融機関や地域のＤＸを進めていくヒントになり、改革に日々悩む皆様に勇気を与えることができたら望外の喜びです。

株式会社デジタルバリュー
取締役　杖村　修司

〈参考文献〉

「デジタル・バンク」　クリス・スキナー　日本金融通信社

「バリュー・ウェブ」　クリス・スキナー　日本金融通信社

「2010年金融機関のあるべき姿　いま、リージョナルバンクに求められること
は（P86～P100）」　杖村修司　井川武　二口剛志　日本金融通信社

「Windows Azureエンタープライズ　クラウドコンピューティング　実践ガイド」
Azure Council Experts　日経BP

「デジタル戦略の教科書」　今枝昌宏　中央経済社

「The DevOps 逆転だ！」
ジーン・キム　ケビン・ベア　ジョージ・スパッフォード　日経BP

「IT負債」　室脇慶彦　日経BP

「業務システム開発モダナイゼーションガイド」　赤間信幸　日経BP

「Hit Refresh　マイクロソフト再興とテクノロジーの未来」
サティア・ナデラ他　日経BP

「最強のコスト削減」　栗谷仁　東洋経済新報社

「コミュニケーション×コラボレーション×イノベーション」

北國銀行コンサルティング部　北國新聞社
「コンサルティングバンク×キャッシュレスバンク×クラウドバンク」
北國銀行　北國新聞社

〈執筆者一覧〉
井川　武
岩間正樹
川口智也
新谷敦志
杖村修司
吉川智章
（50音順）

地域金融機関のデジタルトランスフォーメーション
～北國銀行にみるゼロベースのシステム戦略と組織人事～

発 行 日　2021（令和３）年３月１日　第１版第１刷
著　　者　株式会社デジタルバリュー
編集協力　ライターハウス・杉村裕之
発　　行　金融ジャーナル社

印刷所・製本所　日経印刷

ISBN 978-4-905782-20-9

◉本書記事、写真の無断転載・複製などはかたくお断りいたします。